エリアトラウト独習法

駒崎佑典 著

つり人社

まえがき

　エリアトラウトフィッシングは性別も年齢も問わず誰もが手軽に楽しめるゲームフィッシングです。ビギナーからベテランまで、さまざまな技量のアングラーがいて釣行ごとに「壁」にぶつかり「宿題」を持って帰ると思います。
「上手くなるにはどうすればよいですか？」
「数を釣るにはどうすればよいですか？」
　本書はさまざまな壁や疑問を持つアングラーを次のステップに押し上げる一冊です。釣行前や帰宅してからのちょっとした時間に読めば、釣り場で抱いた疑問を解き明かすヒントが見つかるはずです。
　まずは自己紹介。筆者は駒崎佑典と申します。エリアトラウト歴24年。1983年生まれの40歳です。20歳から釣り業界でお世話になり、ロッドメーカーや釣具量販店勤務を経て32歳で「アングラーズショップmaniac's」というお店を構え独立しました。商売柄チャレ

　ンジする釣り種は非常に多く、年間スケジュールは釣りの予定で常にパンパンな本物の釣りバカです。

　春は三重県でビンチョウマグロやキハダマグロをねらう傍ら、モンスターサイズのブラックバスを夢見て琵琶湖にも通います。夜は尺メバルのプラッギングが楽しくなる時期。仕事終わりのナマズ通いが始まるのもこの季節です。

　夏の気配が漂うころには相模湾のキハダマグロゲームに活気づき、青森のクロマグロ通いも始まり、秋まで200kgオーバーを夢見て釣行を重ねます。またお店ではシイラツアーも始まることから夏場は一気にオフショア熱が高まります。

　秋はがらりと釣りものが変わり、東京湾のシーバスビッグベイトゲームや美味しいサワラのキャスティングゲームを楽しみつつ、密かに高知県でアカメをねらう生活が始まります。これらの釣りのほかスポットでいろんな釣りが割り込んで来て突発的な海外遠征に行くことも多数。こんな感じで釣り予定は常にMAXな状態です。もちろんメインで楽しんでいるエリアトラウトも合間合間に通っています。

　そして晩秋からは本格的なエリアトラウトシーズンです。トラウト漬けの日々がスタートします。

　愛車の年間走行距離は4万km以上！　一番高い釣り具は車と言ってよいかもしれません。こうして四季折々の多彩な魚に楽しませて貰っていますが、それぞれのルアーフィッシングは楽しみ方や感動の性質が異なります。

　ブラックバスは刻一刻と変わるフィールドにルアーの多様性を最大限に活かして攻略する楽しさがあります。これほどルアーの種類が多い釣りはブラックバスだけです。

　オフショアのキャスティングゲームは妥協のないタックル準備から始まり、船長とアングラーが一緒になって1尾を追い求める一体感が感動を生み出します。ジギングは逆に個人競技で、ひたすらねらった水深に潜む魚をイメージしながらジグを操る想像力を掻き立てる釣りです。

　ネイティブトラウトは大自然に溶け込みながらきれいな渓魚と戯れる楽しさがあり、幻のアカメは心臓バクバクの緊張感でキャストを繰り返すだけで充実感があります。夢見た怪魚に会いにいく海外遠征も異文化に触れながらのトリップ感がたまりません。

　私個人の釣りだけでなく釣具屋として「最高に楽しい！」という感覚をお客さんに体感していただくのも私の楽しみ。大の大人が涙を流すほどの趣味はそうありませんからね。

　さて、そんな多種多様な魚にチャレンジしている私が、ことさらエリアトラウトに夢中になるのはどういった理由があるかをお話します。

沼る！　エリアトラウトの魅力

　数あるルアーフィッシングの中でもエリアトラウトは手軽に始められる釣りの最上位だと思います。管理された釣り場ゆえ常にキャスト範囲に魚がいて、ビギナーでも釣れる可能性が非常に高い環境が整っているからです。また釣り場によっては美味しいランチが食べられ、トイレも整っています。女性やお子さんを連れていけるのも魅力的です。また近年はブランド鱒をキャッチ＆イートすることが楽しみなアングラーも増えました。

　エリアトラウトフィッシングではよほどの悪条件でない限り1日頑張って1尾も釣れないことは少ないと思います。コツを掴めば初体験の小学生でも爆釣！なんてことが珍しくありません。

「釣り堀の放流魚なんて釣れて当たり前」

　こう言うアングラーもいます。特に自然の中でネイティブ魚を相手にする釣り人ほど陥りがちな思考です。自然条件の中から魚を「探す釣り」と「居る魚を食わす釣り」は楽しみ方や難しさのチャンネルが全然違うわけです。閉鎖的な環境だからこそ常にトラウトには人的プレッシャーが付きまとい、スレた魚を釣っていくにはさまざまなテクニックが必要です。私が感じるエリアトラウトフィッシングの最大の魅力は「釣れない言い訳ができない」ってことでしょうか。

　例えば海でオデコだった時に「今日は魚がいなかったね」とか「沖はよさそうだけどオカッパリだと届かないね」というぐあいに釣果を出せなかった人の常套句が存在します。ですが管理釣り場のような閉鎖環境では、キャスト範囲に軽く100尾以上の魚がいるこ

とがほとんど。「魚が食わないのはアングラーのせい」なのは歴然です。言い訳ができない環境だからこそ「あの魚を食わせるにはどうすればよいか？」という思考に及びます。魚のコンディションは釣り場やシチュエーションによってマチマチです。その魚に寄り添ったルアーチョイスや操作をアレコレと考えていくのが楽しいのです。

そしてエリアトラウトは他の来場者の釣果が丸見えなのも燃える要因です。

「俺が釣れないのに何であいつは爆釣しているんだ!?」
「みんな釣れてないのに俺のロッドだけが曲がり続けている！」

どんなに釣れない時間帯でもコンスタントに釣り続けているアングラーはいるもので、「合っていれば釣れる」し「間違っていれば釣れない」わけです。合っているのか間違っているのか、釣果に直結する言い訳ができないのも魅力になるのです。

そしてエリアトラウトのもうひとつの魅力は『再現性』でしょうか。

バイトやチェイスなどの情報からドンピシャの正解を導き出した時は、怒涛の連続ヒットが味わえます。釣れ方に再現性を見出しやすく、段々と落ちていく魚の活性に合わせてルアーローテーションをして魚を追い掛けていくのも魅力です。

釣具屋として日々いろんなアングラーを接客していますが、エリアトラウトのお客さんのハマる速度は段違いに速いです！　この前までビギナーだったはずなのに、いつの間にか知識もスキルも上達してるお客さんが本当に多いと感じます。

他の釣りと比べれば釣れる釣れないの「答え合わせ」の数が圧倒的に多いので、釣行ごとにたくさん「気付き」を得ているのでしょう。そして人よりもたくさん釣りたくなったアングラーは非常に勤勉です。ネットや雑誌の情報を読み取って、自信のテクニックに落とし込もうと必死になります。

本書をお手に取っていただいたアングラーは、より「貪欲」で「向上心の塊」ということでしょうか（笑）。アングラーごとに気付きや壁のレベルは異なります。これから読み進む内容は、初歩的な内容からトップレベルのプロアングラーだからこそ感じ取れる超マニアックな内容まで多岐に渡ります。

釣行で感じた『壁』を具体的にイメージできると改善点が明確になります。次のステップに進めば当然また新しい『壁』が出現し、どんどん深みにはまっていく『トラウト沼』。本書はより深く沼にハマっていただくための教科書となっております。

005

エリアトラウト独習法 目次

002 まえがき

004 沼る！エリアトラウトの魅力

序章
種族によって変わるトラウトの多様性

009 ニジマス

010 ヤマメ&アマゴ、サクラマス

011 イワナ、ブラウントラウト

012 ブルックトラウト、コーホーサーモン

013 ドナルドソン、イトウ

第1章
タックル&ルアーを知る選ぶ

017 ロッドの選び方

021 リールの選び方

024 性能が飛躍的に向上する
リールカスタムの世界

028 リールの簡単メンテナンス

036 ラインの選び方

042 ルアーの選び方

050 大人の社会科見学
ルアー製造現場に潜入！

056 小物&ギアの選び方

第2章
釣り場の選び方とマナー

069 どんな管理釣り場があるのか

072 服装の注意点
好ポイントとなる位置は？

073 場所取りはどうすればいいの？

074 覚えておきたいマナーと注意点

077 実釣編に入る前に覚えておきたい
基本項目

第3章
実釣テクニック

スプーン編1

082 プロ「赤羽根悟」の場合

085 タックルのトータルバランスを考える

086 無駄のないスプーンの揃え方

088 赤羽根的カラー理論

090 サーチで決まるスプーニング

091 高活性魚を探すセオリー

093 放流魚と地の魚は
背中で見分ける

094 スコアを重ねるのは再現性

スプーン編2

096 プロ「狩野祐太」の場合

097 キャンタ氏のスプーン講座

101 旧型優等生スプーンから
アップデートを

103 加速度的にシビアになる
カラーチョイス

104 エステル+ナイロンリーダー
の可能性

クランク編

106 プロ「千藤卓」の場合

107 ニンジャが断言！
「ビギナーはクランクから覚えよう！」

108 クランク向きのタックルとは？

109 キャストする前に覚えておきたい
巻き速度

110 クランク使いのサーチの基本

115 クランクもフックにこだわりましょう

クランク&トップウォーター編

116 プロ「松本幸雄」の場合

117 「質」と「スピード」を兼ね備えた
上級編サーチ

118 光量と水温に応じたレンジサーチ

119 クランクのカラー理論と
流しソーメン理論

CONTENTS

- 122 食わない魚にだけロッドアクションを！
- 124 クランクに適したラインの正解は？
- 125 松本幸雄的クランクベストフックとは？
- 127 ラトルはクランクで効果的？
- 128 「お祈り」の正しいやり方
- 129 「やらない」なんてもったいない！トップウォーター戦略
- 132 トップもフックが重要！
- 134 釣り分けのカラーチョイスを意識しよう！

ボトム編
プロ「伊藤雄大」の場合

- 137 ついつい極めたくなる魅惑のボトム攻略
- 139 「縦ボトム」と「横ボトム」から知るルアーチョイス
- 147 「寄せる色」と「食わす色」ボトム的カラー考察
- 148 「ボトムを耕す」って何ですか？

ミノー編
プロ「森田純也」「蓬田徹朗」の場合

- 151 覚えれば釣果倍増のマジックジャーク！
- 154 実釣前に必ず行なう儀式
- 156 「構え」だけで釣果が伸びるマジックジャークのフォームとは？
- 158 「逃がし」のテクニックを習得せよ！
- 159 カラーから考えるマジックジャークの根底
- 161 開発者が語るマジックジャークとこれからの展望

縦釣り編
プロ「霜出朋言」の場合

- 165 「使用禁止」になるほどの異次元の釣獲力
- 168 初歩にして奥義である基本セッティング！
- 170 サーチと食わせの違いを意識することが第一歩！
- 172 中間フォールを身につける
- 174 ボトムメソッドをマスターしよう
- 175 当日放流魚は釣れるのか？
- 176 釣れれば釣れるほどフックはシビアになる
- 177 シモキン流「縦釣り」への想い

番外編

- 179 持っていないと損をする「お助け系ルアー」の存在

第4章
釣果に直結するフック

- 185 フックが出来上がるまでの道のり
- 186 ヤリエフックのジャンル分け
- 188 フックは沼

第5章
大会参戦のススメ

- 191 トーナメントの多彩な魅力
- 192 固定化した釣りはマンネリを早める

- 197 コラム1 炸裂するオリカラの魔力
- 200 コラム2 養鱒の現状から考えるエリアトラウトの近未来
- 206 あとがき

編集　佐藤俊輔（月刊つり人編集部）
デザイン　新井国悦（PEDAL DESIGN）
イラスト　石井正弥

序章

種族によって変わる
トラウトの多様性

序章 種族によって変わるトラウトの多様性

　管理釣り場には多彩な種族のトラウトたちが放流されています。ほとんどの釣り場はニジマスを主体に放流していますが、中にはイワナやヤマメ、交配したハイブリット種を放流しており、多彩なゲストが楽しめることも大きな魅力といえるでしょう。パターンがハマればねらった魚種が爆釣する場面もあり、ある程度の釣り分けも可能な場合もあります。
　ニジマスの数釣りも楽しいですが、それぞれのトラウトの食性や習性をもとにねらうゲーム性もエリアトラウトフィッシングの奥深さです。「一日で何魚種ゲットできるか!?」というチャレンジも面白いかもしれません！
　ここでは序章として筆者がアングラーとして感じたそれぞれのトラウトの習性やねらい方の一例をご紹介します。

ニジマス

原産地はカムチャッカ半島および北アメリカの太平洋側です。日本では北海道の一部に定着し、ネイティブシーンでも人気のターゲットです。海で生活するニジマスの降海型はスチールヘッドと呼ばれます。湖沼の降湖型もいれば川だけで生活する陸封型もいます。そして当然ながら管理釣り場に放流されるニジマスは養殖された個体となります。

効果的なルアーアクション

ニジマスは他の鱒族と比べ、一定速度でのスローリトリーブを特に好む種族です。スプーンにしてもクランクにしても圧倒的に釣れるのはゆっくりと一定に巻くことがキモとなってきますね。ロッド操作を加える際も激しいアクションではなく、移動距離を抑えたソフトなアクションのほうが効果的です。

ヤマメ&アマゴ

河川に生息するものをヤマメ、降海型のものをサクラマスと呼びます。ヤマメとアマゴは近縁種となり分布も異なります。写真は朱点のあるアマゴです。ヤマメよりもサクラマスのほうがサイズは大きく、どちらも管理釣り場に放流されるターゲットとなります。

効果的なルアーアクション

ヤマメは岩などの物陰に隠れたがる習性があり、管理釣り場の中でもそういったシチュエーションのポイントを中心にねらうと出会える確率が上がります。主にミノーで釣りやすく、左右への細かなトゥイッチに好反応を示します。アクションを付け続けることでスイッチを入れ、絡み付くようなバイトをしてくるのが特徴です。

サクラマス

ヤマメの降海型となり、白銀化してパーマークが消えていることが特徴です。非常に美味な種族なのでサクラマスが放流される情報が出回ると、食味を目当てに訪れる釣り人たちで賑わうことも多い人気ターゲットです。

効果的なルアーアクション

サクラマスはヤマメと同じくミノーのトゥイッチが非常に効果的です。ほかには3g程度のシルバー系や蛍光ピンクのスプーンをやや速巻きするのが定番パターンといえるでしょう。釣ってもよし、食べてもよしなターゲットです。

序章 種族によって変わるトラウトの多様性

イワナ

源流域の冷水を好むイワナもエリアトラウトフィッシングの人気ターゲットです。「岩魚」と漢字で書くとおり、岩場などの物陰に身を潜めて捕食する性質があります。食欲にエサを獲る反面、非常に警戒心が強い特徴もあります。

効果的なルアーアクション

物陰を中心にミノーでねらうケースが多く、ヤマメよりもワイドなトゥイッチやダートでスイッチを入れていくのがベストです。一旦スイッチが入ってしまえば長い距離を追ってくる場面も多く貪欲な性格といえます。スイッチを入れるまでのプロセスが楽しいです。

ブラウントラウト

ヨーロッパ原産のブラウントラウトはアメリカやアジアでも広くねらわれているゲームフィッシュです。独特な黒と朱色の斑点が特徴的で管理釣り場でもポピュラーなトラウトといえます。フライやムニエルで食べると美味しい魚です。

効果的なルアーアクション

イワナと似ているところがありミノーやボトムルアーのワイドなアクションを好むことが多いです。ナワバリ意識が強く、威嚇するようなバイトも多いため、赤やオレンジなどの強めの蛍光色が効果的な場面があります。回遊性の強い個体もいて連続ヒットもあります。

ブルックトラウト

標準和名は「カワマス」と呼ばれ、そちらの名前で認識している釣り人も多いでしょう。緑がかった茶色の個体が多く、ジャガートラウトはブルックとイワナの交配種となります。独特な模様と厳つい顔がカッコイイ魚です。

効果的なルアーアクション

習性はイワナと非常に似ており、獰猛な一面を持っています。その反面、物陰の側だけでなく表層に浮いていることもあり行動範囲の広いイワナと思ってねらうとよいでしょう。模様が独特なので目視で見つけてからアプローチすることも可能です。

コーホーサーモン（銀鮭）

非常に活発に泳ぎ回り、回遊性の強い種族です。冷水を好み、管理釣り場では厳寒期の低水温期でもしっかりと釣り人を楽しませてくれる貴重な存在です。ほどよい脂の乗りと柔らかい身質で美味しい魚でもあります。

効果的なルアーアクション

スプーンでもミノーでも釣れますが、回遊に当たるまで投げ続ける忍耐力が必要です。3g程度のシルバー系スプーンなどのアピール力の高いルアーをやや速巻きでアプローチしていくのがセオリーです。

序章 種族によって変わるトラウトの多様性

ドナルドソン

大型化したニジマスのみで交配されたドナルドソンは、大型ねらいのアングラーを楽しませる格好のターゲットです。最高のファイトと釣った後の料理も楽しめます。1尾当たりのコストが高額のため放流されていない釣り場もあります。

効果的なルアーアクション

習性はニジマスそのもの。基本は一定速のスローリトリーブで反応を探ります。波動を出してスローにねらえることから、クランクでのヒットが多いターゲットです。ドナルドソンをねらうならナイロン3lb以上、PEラインなどの強いラインで臨むことを推奨します。

イトウ

日本三大怪魚にも数えられるイトウは国内では北海道の一部のみ生息しています。大型個体は1m超のサイズになり、管理釣り場でもイトウは非常に人気のターゲットです。放流されている管理釣り場もキープはできず、リリースが義務付けらえれている場合もあります。

効果的なルアーアクション

釣り方は3〜5gの重めのスプーンをボトムまで沈めてゆっくりとリトリーブしてくる場合が多く、表層付近でのヒットはあまり多くありません。遠投した先からチェイスし、手前のブレイクでヒットすることもあるため回収まで気が抜けません。

放流魚もいろいろ

一口に「放流魚」と言ってもいろいろな状態の魚がいます。
エリアトラウトフィッシングをやり込むと
「どの状態の放流魚を追い掛けるか」によって、戦略がガラッと変化します。

前日放流魚

　前日の閉園後に放流された魚を指します。池の水にしっかりと馴染み、ルアーを果敢に追う高活性な場合があります。ただし夏場の高水温期は暑さゆえに活性が落ちているケースも多いです。

当日放流魚

　どんな管理釣り場でも一番釣れやすい放流魚です。重め強波動のオレ金などのスプーンで連発するケースが非常に多いです。養魚場からトラックで長距離移動した魚は車酔いで機能しない例外もあるので注意してください。

放流セカンド

　当日放流魚によるお祭り騒ぎが一段落したものの、まだまだ食い気のある中活性魚を指します。ルアーサイズを落とす、スプーンの色調を落とすことによりバイトが持続します。「セカンドへ繋ぐ」というのは魚の活性に合わせたルアーローテや戦術変更を意味します。

放流サード

　放流セカンドで中活性魚を釣って、いよいよ活性が落ちかかった放流魚を釣っていく段階を指します。ミノーやクランク、マイクロスプーンなどで放流魚の残りをフォローしていきます。ここまで放流魚を追い掛けきれるとスコアはかなり伸びるでしょう。

第1章

タックル＆ルアーを
知る選ぶ

　エリアトラウトフィッシングは閉鎖的な管理釣り場に魚が放流されていることもあって、基本的にはエントリーしやすいジャンルといえます。「とりあえず挑戦してみたい」とライトな感覚で始めるのであれば、道具にかけるお金も少なく手軽にチャレンジできる敷居の低い釣りです。

　しかし昨今はトラウト沼にハマる釣り人が急増しています！　ルアーから小物まで、かなり細分化されてたくさんの道具が溢れています。

　ここではエントリーするための最低限のタックルから、上級者も唸る便利グッズまで、釣具屋を経営する筆者が釣具屋目線でのタックルの選び方や実力派アイテムを紹介していきます！

【ロッドの選び方】

　エリアトラウト専用ロッドからスタートすることを推奨します。バスやアジング用などのライトSWロッドでも代用できますが求められる性能が違うのです。「やりやすい」と感じるのは、ずばり専用ロッドです。慣れてくると露骨に釣果に関わることが分かるでしょう。求められるロッドの要素は次の3点です。

◎軽量
◎高感度
◎操作性

　エリアトラウトフィッシングは微弱なバイトやルアーの引き抵抗を感じながら釣りを組み立てるため「感度」は最も重要です。ロッドから伝わる情報を元にルアーやレンジをチョイスしていきます。そして軽量なルアーを操作したり、瞬間的なフッキングを決めたりするにはロッド自体が軽量でなければならないのです。

【長さ】

　6ft（180cm）前後の長さが適しています。この長さが主流なのは「飛距離」「操作性」「ランディング効率」のバランスが取れているからです。短過ぎれば操作性が優れている反面、どうしても飛距離が低下します。逆に長過ぎると飛距離が出るものの操作性に難があり、ランディング時の魚の取り込みも難しくなります。釣り人自体の体格にもよりますが、ご自分の身長と同等の長さを基準にすればストレスなく使えるはずです。

図1

エリアトラウトロッドの主な調子

掛け調子（ファーストテーパー）
反転しないバイトを掛けやすい

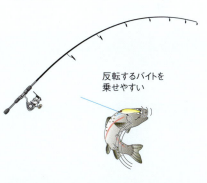

乗せ調子（レギュラーテーパー）
反転するバイトを乗せやすい

ティップの種類

チューブラー
内部が中空で反発力があり主に掛け調子（先調子）に採用される。振動が伝わりやすくで感度良好

ソリッド
内部が詰まって反発を抑えバイトを弾きにくい性質。魚の口の中にフックを残す時間を稼ぎたい時に重宝される

【調子】

図1のように「乗せ調子」と「掛け調子」のモデルがあります。一般的には先調子のロッドアクションが掛け調子で、少し胴から曲がるタイプが乗せ調子といわれています。簡単にいえばトラウトがルアーにバイトした際に反転食いしてくるようなシチュエーションでは乗せ調子がよいとされ、瞬間的にフッキングをしないとハリ掛かりしないようなシチュエーションでは掛け調子がよいといわれます。

放流後や朝夕マヅメの高活性時は反転してバイトしてくる元気な魚がいる一方、日中などの低活性時はついばむようなバイトが集中する場合があります。人間の反射神経だけで対応できないこういったシチュエーションはロッドの曲がりを利用してバイトの種類に対応することがあります。

傾向として、ロッドの曲がりによって得意とするルアーもあります（下図）。もちろん異なるシチュエーションもありますが、曲がり別の得意ルアーとしてはいつの時代も当てはまるでしょう。ロッドが持つ守備範囲の中のルアーを使用すればロッドの性能を最大限に引き出せます。

また、ロッドの製法によっても特質が変化します。ロッドアクション（テーパー）にティップの仕様（ソリッドorチューブラー）を組み合わせ、無限大のロッドアクションが生まれます。多彩なシチュエーションに対応するべく、ロッドの特性を理解して状況にアジャストしていくのがロッド選びのキモとなるわけです。

ロッドの曲がり方と得意なルアー

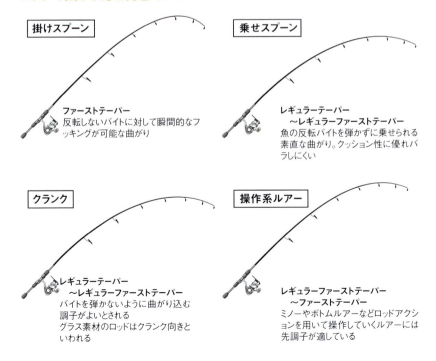

掛けスプーン
ファーストテーパー
反転しないバイトに対して瞬間的なフッキングが可能な曲がり

乗せスプーン
レギュラーテーパー
〜レギュラーファーストテーパー
魚の反転バイトを弾かずに乗せられる素直な曲がり。クッション性に優れバラしにくい

クランク
レギュラーテーパー
〜レギュラーファーストテーパー
バイトを弾かないように曲がり込む調子がよいとされる
グラス素材のロッドはクランク向きといわれる

操作系ルアー
レギュラーファーストテーパー
〜ファーストテーパー
ミノーやボトムルアーなどロッドアクションを用いて操作していくルアーには先調子が適している

第1章 タックル&ルアーを知る選ぶ

ソリッドとチューブラ。ティップが変われば世界が変わります

【最低2セットを用意】

　釣り場では6タックルくらい持ち込んで楽しんでいるアングラーを見掛けると思いますが「そんなにたくさんのロッドを使い切れるの？」と素朴な疑問を抱くでしょう。どんなターゲットでも1タックルで完了する釣りは実は少ないのです。ねらうシチュエーションや使いたいルアーに応じてロッドには得意不得意があります。いきなりたくさん揃える必要はありませんが、より楽しみたいなら2タックルはあるとエリアトラウトフフィッシングの魅力に近付きやすいと思います。

　お店で接客する時に必ずお伝えするのが初めは高額ロッド＆高額リールのハイエンドタックルを「オススメしない」と言うことです。釣りを繰り返していく毎にどんどんハマって、アレもコレもとやりたい欲求が生まれてきます。実際に1タックルではやりきれない（満足できない）釣り人がほとんどです。超ハイエンドのタックルで予算を使い切ってしまうのはもったいない。そのお金があるならば「半額セットを2タックル買っておいたほうがよいよ」とアドバイスしています。

　例えば「スプーン用」と「プラグ用」で2セットでもよいですし、バイトの質に応じて「掛け用」と「乗せ用」で揃えてもよいと思います。管理釣り場の魚とはいえ相手は生き物です。その時々で変化する状況に対応していくには種類の異なるタックルが必要です。またシチュエーションにタックルを合わせていく視点が楽しみのひとつになります。

「どんな釣り場でどんなスタイルの釣りをしたいか」

　から逆算してロッドをチョイスしていくとスムーズですが最初は釣具屋さんに聞く、もしくはスペックから判断し、ご自分の好みを把握したうえで買い揃えていくことがおすすめです。エリアトラウトフィッシングは感覚のゲームです。あくまで自身にとって使いやすいかどうかがすべて。口コミに左右され過ぎず、まずは使ってワクワクするロッドを選ぶのが正解ですね！

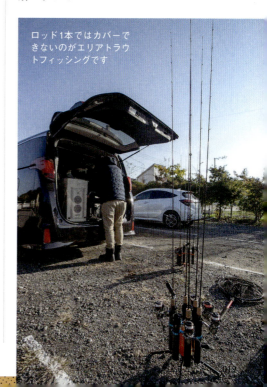

ロッド1本ではカバーできないのがエリアトラウトフィッシングです

おすすめのエントリーロッド

ヴァルケイン「ゼロヴァージ シリーズ」

　実売2万円半ばのゼロヴァージは最高のエントリーロッドです。「エントリーに2万円台は高過ぎ！」と言われてしまうかもしれませんが、エリアトラウトフィッシングは時に1g以下のルアーを使って微細なバイトを掛けていく世界です。数千円のロッドもありますが正直いって感度も低く性能としては遥かに劣っています。感度のない世界で釣りを覚えるのも酷な話です。上達しやすいロッド、そして長く愛用できるロッドが最初の一本として最適だと感じています。とはいえ最初はどれを選べばよいのか迷っちゃうのが普通です。本稿を書いている2024年秋の時点ではヴァルケイン「ゼロヴァージ」は豊富なラインナップが魅力のオススメシリーズ。いくつか紹介しておきましょう！

豊富なラインナップが魅力で数本揃えるならおすすめなゼロヴァージシリーズ

61L

スプーンもクランクもどちらもやりたいアングラーにオススメの汎用性抜群のモデル。全体的にシャキッとしつつも、負荷を掛けると曲がり込んでくれるのでキャストも決まりやすくて感度も抜群！　一本目に最適なモデルです。

60UL

61Lと比較すると若干軟らかいモデル。より軽量のルアーに適しており、マイクロスプーンや小型クランクとの相性が抜群です。「軟らかい」と言ってもパワー不足は一切感じず、不意の大物にも負けない強さを秘めています。

60ISS

先端部分に硬質のソリッドを採用した特化型モデル。反転しないようなバイトをアングラーが掛けていくような展開で最も武器になる仕様となります。マイクロスプーンを中心に、マジックジャークやボトムルアーまで使える幅の広さが魅力です。「最初の一本」と言うよりは2本目、3本目で必要になってくるモデルです。

61ML-H

シリーズの中でも少し硬めでパワーがあるモデル。2g以上のスプーンや引き抵抗の大きいクランクに適しています。数が釣れる放流展開で手返しが抜群によくなるほか、ボトムルアーとのマッチングも最適です。規模の大きいフィールドでの遠投ゲームでも強さを発揮します。

第1章 タックル&ルアーを知る選ぶ

【リールの選び方】

エリアで使えるリールはダイワ、シマノに関わらず1000〜2000番のスピニングリールが適しています。リール選びで重要な要素は次の3点です。

◎本体の軽さ
◎ドラグ性能
◎巻き心地

リールの自重は最低でも200gを切る重さがよいでしょう。軽さ＝感度でもあるうえに、ルアーアクションやフッキング性能などの操作性に大きく関わってきます。欲をいえば150gを切る重さがベストですが、お財布との兼ね合いがありますので無理のない範囲でお願いします！

150gを切るようなリールはメーカーでは中級グレードのモデルとなります。そうなってくると自重だけでなくあらゆる性能が高水準となってきますね。分かりやすいところでは「ドラグ性能」でしょうか。

エリアトラウトフィッシングは他の魚種と比べてびっくりするくらい細いラインを使用します。細いラインで大きな魚を釣るためには、一定以上の負荷が掛かった際に発動するドラグシステムの能力がモノを言う場合があります。魚の急な突っ込みでスムーズに作動しないドラグではラインブレイクを招きます。

後述するカスタムパーツなどで後付けの性能UPも可能ですが、標準からしっかりと作動する機種選びが長い目で見るとお得な買い物かもしれません。

そしてリールのもうひとつの重要な要素は「巻き心地」です。異音やザラつきがない機種選びをすることはもちろん、意識して頂きたいのは「巻き出しの軽さ」です。特に下位機種ほど巻き出しの初動が重いものが多く、一定リトリーブを基本とするエリアトラウトフィッシングでは初動が軽い機種のほうが圧倒的にリーリングはしやすい。この巻き出しの軽さを得るためにチューンメーカーでオーバーホールを行なうアングラーも多いくらい妥協できない大事な要素です。

エリアトラウトフィッシングはスローリトリーブが原則です。ギア比に関してはノーマルギアを選んでおけば間違いありません。ミノーイングやボトムなど巻き取りスピードが必要なタックルはハイギアがあってもよいですが、意図がなければノーマルギア一択でOKでしょう。

ご予算に合うリールからチョイスして欲求が高まればランクアップしてください。ロッドと違いリールに関しては値段＝性能となります。予算が許す限り投資していただいたほうが確実です。とはいえ近年は2〜3万円代の中級価格帯のリールの進化が凄まじいです。2024年に流通しているモデルとなりますが価格帯別にいくつかチョイスして紹介します。

021

価格帯別おすすめリール

実売2万円前後

ダイワ「カルディアFC LT2000S」
自重175g
ダイワらしい自重の軽さとリーリングの軽さが魅力のモデルです。エントリーモデルとしてはいうことなしのスペックです。

シマノ「ストラディック2000S」
自重185g
軽さの中にも堅牢さが魅力のモデル。カルディアに比べるとわずかに自重が重い反面、タフさには定評があります。一台を長く愛用したいなら最適です。

実売3万円～4万円台

ダイワ「ルビアスLT2000S-P」
自重145g
カルディアと比較すれば「一気に進化した」と感じられるくらいモノが変わります。ドラグ性能も申し分ありませんし、自重もストレスを感じません。ルビアスを中心にタックルを揃えるアングラーも多い人気機種です。

シマノ「ツインパワー2000S」
自重175g
タフさを売りにした質実剛健なモデル。シルキーな巻き心地は最上位機種ステラに肉薄する使用感です。高負荷が掛かっても物ともしない巻きのパワーが備わっています。

実売5万円台

ダイワ「エアリティLT2000S-P」
自重145g
ハイエンドと比較しても遜色ない素晴らしい仕上がりのエアリティ。旧モデルのハイエンドと同等のクオリティがあると思って間違いありません。このクラスをベースにタックルが揃えられると最高でしょう。

シマノ「ヴァンキッシュ2000S」
自重145g
ステラと双璧を成す軽量系のハイエンドリールです。軽さがありながらも剛性も素晴らしく、魚を掛けた後も非常にスムーズなのが特徴です。「柔」と「剛」を兼備した大人気機種ですね。

第1章 タックル&ルアーを知る選ぶ

実売8万円台

ダイワ「イグジストSF2000SS-P」
自重135g

ダイワの誇るハイエンドシリーズ。圧倒的な手持ち感の軽さと巻き出しのスムーズさはエリアトラウトに必要なスペックがすべて高次元で詰まっています。これ以上のリールはないと断言できるほどのハイパフォーマンスリールです。

シマノ「ステラ2000S」
自重170g

ハンドルを回しているだけで気持ちのよいシルキーな巻き心地。世界を代表するステラは回転性能とドラグが最高峰です。軽量系のヴァンキッシュとコンセプトを二分しつつも、どちらも長く愛されています。使用感だけでなく所有欲もくすぐる最高機種。

釣りを始める前のドラグ調整の基本

　文字で説明するのが非常に難しいお題です。何故ならエリアトラウトフィッシングはナイロン、フロロ、エステル、PEと異なる種類と太さのラインを使い分けます。よって一律に「何gのドラグ負荷が好ましいですよ」とお伝えできないジャンルです。

　ドラグ負荷を計測するドラグチェッカーなる商品も存在しますが、エリアトラウトで現場に持ち込むアングラーは見たことがありません。主にオフショアなどで初期ドラグの数値が命の釣りでは必要なアイテムです。

　とはいえ、ある程度の目安がないと一投目からラインブレイクなんて憂き目に遭う可能性もあります。筆者の目安として、使用ラインの強度から1/3〜1/4の強度となるように設定し、後はフィールドの魚のサイズで微調整していくやり方を取っています。慣れてくると感覚でドラグ値を設定できるようになります。数値上の目安を覚えておいて下さい！

　筆者はファイト中にドラグをいじることは少ないです。テンションが抜けてバラシに繋がりますので、緩いようならハンドドラグで対応します。レギュラーサイズがヒットしてジージー出てしまうようなら設定は緩いと心得て下さい。ロッドを曲げて魚に主導権を握られない設定を覚えてくるとファイトが楽になります。

ラインのポンド数を目安に1/3〜1/4の強度となるようにドラグを調整

性能が飛躍的に向上する
リールカスタムの世界

　キャストとリトリーブを一日中繰り返すエリアトラウトフィッシングでは、リールは非常に重要なタックルといえます。前述のとおり値段＝性能となり、お財布が許す限り投資は惜しみたくないと話すアングラーは多いです。では高額なリールであれば100点満点の性能なのかといわれると難しいのが実情です。

　皆さんが釣具店で買うリールはメーカーが発売する「汎用機」です。メーカーはリールを開発する時にトラウト専用機としては考えていません。エリアトラウト、ライトSW、バスなどで必要なスペックから中間的なバランスの状態で発売されるのが汎用機です。より特化した性能のリールを販売すると販売量が見込めない実情があるからです。

　例えばシマノ社のハイエンド機種の「ステラC2000S」で見た時にナイロン4lbが100m入るラインキャパですが、一般的なエリアトラウトフィッシングではそこまでの糸巻き量は必要ありません。エリアトラウトフィッシングは極端にいえばエステルなどの超極細ラインを使って、時には0.2gクラスのルアーを駆使する場合があります。そこまでの極端な作り込みをメーカーはできません。「この巻き抵抗でラインローラーは回っているのか？」と言うことになります。正規品のラインローラーが回っていない話ではありませんが、コアなアングラーが満足するかといえば残念ながらそうではないケースがあります。

　そこでよく回転するラインローラーのカスタムパーツを導入するのです。またラインローラーだけでなくドラグとハンドルは多くのユーザーがカスタムパーツを組み込んでいます。そして、性能が向上するという声のほうが圧倒的に多いのです。

第1章 タックル&ルアーを知る選ぶ

ラインローラー

IOSファクトリーに始まり、現在では複数社がカスタムパーツを手掛けています。純正のラインローラーよりもパーツ自体が軽く、ベアリングもグレードが高いものが装備されている場合が多いです。

ラインローラーが正常に回転するとラインの消耗も抑えられてきれいに巻けます。結果キャスト時の放出がスムーズになり飛距離の向上にも繋がります。安価なリールに装着すれば目に見えて性能差を感じられることでしょう。

ハンドル

ハンドルは実際にリーリングする時に唯一指先に触れる重要なパーツです。カスタムするアングラーが最も多いジャンルでもあります。ハンドルをカスタムすることで得られる効能は大きくいえば「巻き出しの軽さ」と「巻き感度の向上」でしょう。

純正ハンドルよりも自重が軽くなることでスムーズな初速の巻き出しとなり、リトリーブ時のちょっとした違和感がロッドだけでなくハンドルからも感じられるようになります。単純な感度や軽さだけではなく、戦略上で使い分けるアングラーもいます。

・35mm

一般的に35mmはショートハンドルと呼ばれる部類です。少し巻き出しが重く感じる反面、リトリーブ時に感じられる違和感が分かりやすくなる特徴があるからです。主に一定リトリーブでねらうクランクゲームで愛用者が多いです。

・40mm

最もポピュラーなハンドル長と言えるでしょう。長くもなく短くもない40mmはどんな展開でもマッチしやすい中間的な長さです。特に「○○がしたい」というニーズがなければ40mmハンドルを推奨します。メーカーの標準ハンドルも40mmが装着されている場合が多いです。

・45mm

エリアトラウトの中ではロングハンドルの部類に入ります。ハンドルは長くなるとより軽快に巻き取れることから瞬間的な巻き合わせが必要なボトムやミノーゲームが大幅にやりやすくなります。ロッドアクションを多用する釣り方では45mmハンドルを推奨します。

ドラググリス

ドラグはカスタムというよりもチューニングの要素が強く、ドラググリスをこだわることでお好みの出方にチューニングが可能です。ドラググリスの粘度による調整で滑り出しをよくすることも溜めを作ることもできるのです。カスタムメーカーからはドラグフェルトも発売されているので、好みの硬さに合わせることも可能です。

025

・ダブルハンドル

　ダブルハンドルの愛用者が多いのもエリアトラウトの特徴です。シングルハンドルで一定速のスローリトリーブを試みると、ハンドルを回転させた時の上げる時と下げる時でスピードが安定しないと感じたことはありませんか？　慣性の問題で意識しないと難しいと感じるアングラーは多いです。ダブルハンドルは持ち手の反対側にバランサーが付いていることから上げる時も下げる時も同じ負荷で安定してくれるメリットがあります。主にクランクのスローリトリーブで使用感の差を感じて貰えるでしょう。

　ハンドルカスタムは高額な投資ではありますが、それに見合う性能をアングラーに与えてくれます。

ハンドルノブ

　ノブはアングラーの指先に触れる非常にデリケートなパーツです。アングラーが求めるのは「感度」「握りやすさ」「質感」とさまざまですが、純正で満足できないならばカスタムすることをオススメします。

　ノブの素材による性質の変化を簡単にご紹介します。

素材

・メタルノブ

　ジュラルミンなどの金属素材で作られたノブです。自重がやや重くなる一方、感度は非常に優れています。より多くの反響感度を求めたいアングラーが採用する素材です。

・ウッドノブ

　高級感があり、所有欲をくすぐるウッド製のノブです。一口にウッドと言ってもノブとして使われる銘木は花梨や黒檀のほかにも多くの種類があり、木目はすべて異なります。自分のリールをオンリーワンの愛機にしたいというアングラーに好まれる素材です。

・コルク

　軽さを追求するアングラーが採用する素材です。指先に馴染みやすく、軽快なリトリーブができることからエリアトラウトフィッシングでポピュラーな素材となっています。

・シリコンラバー

　グリップ力があり滑りにくいシリコン素材のノブです。指先にノブをつまんでリトリーブするスタイルのアングラーに好まれています。グリップ力があるのでファイト時にも指先に力を籠めやすく、総合的なバランスも魅力です。

　ノブの素材に正解はありません。あくまでアングラーがどういう性能をノブに求めたいかによって変わっていきます。まずは純正のノブからスタートし「これだ！」と言う素材を採用してみて下さい。そしてノブの形状でリトリーブの質も変わっていきます。

第1章 タックル&ルアーを知る選ぶ

形状

・フラットタイプ

最もポピュラーな形状で標準ノブはフラットタイプのものが多いです。

エリアトラウトフィッシングの中ではノブを摘まんでリトリーブするタイプのアングラーに適しています。リーリングしやすくファイト時もしっかりとグリップできるため、万能な形状と言えるでしょう。

・ラウンドタイプ

近年ユーザーが増えている円柱状のノブタイプです。指先で転がすようにリトリーブするアングラーに好まれているタイプです。しっかりと握り込まないので手の中で遊びを作りやすく、ちょっとした違和感を捉えやすい性質があります。

ノブ形状は特に意図がない限りはフラットタイプを一般的に推奨しますが、自身のニーズを埋めるのがラウンドであれば試してみる価値がある

でしょう。メーカーは純正リールが100点満点というスタンスで発売するので社外パーツを取り付けるとオーバーホールや修理を受けられないケースがあります。カスタムはあくまで「自己責任で施して欲しい」のが筆者たち釣具店のスタンス。とはいえ性能が向上すると分かっているカスタムは一台施すと止まらなくなります。カスタムの沼にハマるとまた違った世界が見えてくるかもしれません！

リールの簡単メンテナンス

エリアトラウトフィッシングはリールの巻き性能やドラグ性能をとことん突き詰めたくなる釣りです。目の前に見える魚を食わせるためにリールを巻く指先に全神経を集中して釣りをします。だからリールの異音がとても気になるのです。ここではリールメンテナンスの方法をいくつかご紹介します。細かい行程は省いておりますことをご理解くださいませ。

リールは新機種が出るとマッチする工具やメンテナンス方法が異なる場合も多いです。ちなみにダイワ製リールはモノコックボディーになってメンテナンスが行ないやすくなった部分もあります

必要な工具
※製品によって合う工具が異なります。ご注意ください

① ディスクレンジ
② ピンセット
③ ピッキングツール
④ マイナスドライバー
⑤ プラスドライバー
⑥ 六角レンチ
⑦ トルクスレンチ

① ギアグリス、ドラググリス各種（※ギア専用とドラグ専用のグリスがあります）
② グリス添加用シリンジ
③ メンテナンスオイル各種（※番号は粘度の違い。数字が若くなるほど粘度が低い）

第1章 タックル&ルアーを知る選ぶ

01 ラインローラーのメンテナンス

　ラインローラーはリールの機構の中でもリーリング時に常にラインが密着して回転する部分です。このボールベアリング(BB)の回転をよくする、もしくはカスタムパーツに交換すれば巻き心地が軽くなるのはもちろん、ラインのヨレやブレイクが軽減されます。ちなみにシマノとダイワでは機構が異なるためメンテナンス方法は異なります。

シマノ製品とダイワ製品でメンテナンス方法は異なります

シマノ製リールの場合

01 リールに合ったマイナスドライバーを使ってラインローラーを外します

02 内部パーツの順番をしっかりと覚えておく。写真の黒い樹脂に挟まれたパーツがBBを内蔵したベアリングパーツとなります

03 キッチンペーパーなどで汚れを拭き取ってからシマノ純正のグリスを差します。シマノ製リールはラインローラーベアリングにオイルを差すのは厳禁です。純正グリスをお使いください。この工程で純正からカスタム製品のラインローラーに交換するのもよいでしょう

04 ローラーパーツを元に戻して完成

029

ダイワ製リールの場合

01 リールに合ったドライバーでラインローラーのビスを外します

02 ダイワ製品はBB本体を取り出すことができます。パーツの順番をしっかりと覚えておくためにも写真を撮っておくとよいでしょう

03 パーツクリーナーを使ってBBの汚れを取ります。ダイワ製品はベアリング本体を洗浄できるのもシマノ製品との違いです

04 ダイワ製品はグリスではなく中粘度のオイルをベアリング内部に差します。ただし「イグジスト」などの高級機種はラインローラーがマグシールドで保護されています。マグシールドはオイルを差すと機能しなくなるので注意が必要です

02 | ハンドルノブのメンテナンス

　ハンドルは常に回転するパーツであり、回転力を維持するためにも定期的なメンテナンスが必要です。リーリング時にザラつきやゴロつきを感じた時はすぐにメンテナンスを施しましょう。BBは消耗品です。定期的な交換もおすすめします。

01 ハンドルノブの先端カバーは多くの製品が被さっているのみ。写真のようにドライバーなどを差し込んで簡単に外せます

第1章 タックル&ルアーを知る選ぶ

02 | カバーを外すとビスが現われ、これをドライバーで外します

03 | ハンドルノブの奥にはBBが入っているのでピキングツールを使って取り出します

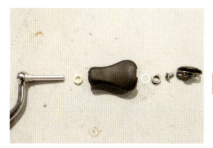

04 | 写真のような順番でノブ内部のパーツが収まっています。高価なリールはノブ後方（左）のカラー（白い樹脂リング）がBBになっており剛性が高く回転性能に優れています。低価格帯リールであればこのカラーをベアリングに交換するカスタムもおすすめです

05 | BBを洗浄して中粘度のオイルを差します。この際カスタム製品のハンドルノブに交換するのもよいでしょう

03 | ドラグのメンテナンス

　繊細なラインを使うエリアトラウトフィッシングではドラグ機能を最大限に活かしたやり取りが求められます。特に大物が入った釣り場ではドラグが上手く働かないとラインブレイクにつながります。ドラグの要となるのはドラグフエルトです。摩擦で潰れてしまうパーツですので定期的なメンテナンスおよび時には交換も必要です。

01 | ドラグノブを外します

02 | スプール上部にあるバネ（スプールピン）をピッキングツールで取り外します

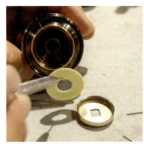

03 | ドラグ座金、ドラグフエルト、スプールBB、それぞれを取り外してパーツクリーナーで洗浄します

04 | ピンセットを使ってドラグフエルトにドラググリスを満遍なく付けてください

05 | スプールBBを戻し、満遍なくグリスを付けたドラグフエルトを戻し、座金を被せ、スプールピンを元に戻せば完成です

ドラグ豆知識 ①

ドラグフエルトの交換

　エリアトラウトフリークはドラグフエルトをプラスチック製や金属パーツに交換する人も多いです。滑りを重視して瞬間的な負荷を軽減することでエステルなどのライトラインのブレイクを防ぐのです。

第1章 タックル&ルアーを知る選ぶ

ドラグ豆知識 ②

ドラググリスの種類

カスタムパーツのドラググリスは粘度の異なる製品が販売されています。低粘度（写真左）と高粘度（写真右）を主に釣れる魚のサイズに合わせて使い分ける人が多いです。レギュラーサイズのトラウトを相手にするなら低粘度でよいです。高粘度のグリスは粘っこくドラグが滑るため安心して大型魚とのやり取りが楽しめます。

04 │ シャフトボールベアリングのメンテナンス

前述のスプール内部に収納されたスプールBBとシャフトに装着されたシャフトBBはドラグ機構を円滑にする要となるパーツです。これを洗浄および交換するとドラグの初動が驚くほどよくなりラインブレイクを軽減してくれます。

01 │ メインシャフトから座金やワッシャーを外す。シャフトBBはスプール軸（黒いギア）に内蔵されているのでこれを分解していく

02 │ メインシャフトとスプール軸を止めているセットスクリューを六角レンチ（♯9が目安）で外す

03 │ 各パーツをメインシャフトから外し、シャフトBBが内蔵された樹脂カバー上部のバネをピッキングツールで取り外す

04 │ 分解したパーツは順番に並べて戻す際に間違わないように注意

05 │ シャフトBBに中粘度のオイルを付け足して戻せば完成

05 | ダイワ『LT』リールのメインギア周辺のメンテナンス

　近年のダイワ製リールの多くがモノコックボディーになっています。従来品はボディーとボディーカバーでドライブギアの両端を支持し、数カ所のスクリューで固定する構造でした。言い換えれば二枚貝のように合わさっている構造だったのですが、一体成型されたモノコックボディーはメインギアの機関部にアクセスしやすく、メンテナンスが非常に楽に行なえます。

01 | ハンドルを外します

02 | 専用のディスクレンジを使ってディスクを外します

03 | ディスクが開いた状態。上部にあるのがメインギアのBBです

04 | BBを取り外します。洗浄し中粘度のオイルを付け足すのもよいでしょう（マグシールド製品はオイルアップNG）

05 | グリス添加用シリンジに適宜グリスを入れます。トラウト用のギアグリスを使えば回転がより滑らかになります

06 | シリンジを使って内部にグリスを注入。ピニオンギア＆ドライブギアのグリスアップが簡単に行なえるのがモノコックボディーです

第1章 タックル&ルアーを知る選ぶ

06 | シマノ製リールのメインギア周辺のメンテナンス

　シマノ製リールはモノコックボディーではありません。メインギアなどの機関部をグリスアップするにはボディーの分解作業が必要です。フリクションリング、パッキン、リアカバーや調整ワッシャーなどを外してアクセスしていく必要があります。ここで紹介できる簡易的なメンテとしてはハンドルの回転に関わるBBへのオイルアップです。

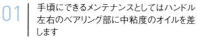

01　手頃にできるメンテナンスとしてはハンドル左右のベアリング部に中粘度のオイルを差します

02　シマノ製リールはスプール軸下部のピニオンシャフトに中粘度オイルを付けておくとスムーズにスプールが上下するようになります。ダイワ製リールの中でもマグシールド採用モデルはこのメンテは厳禁です

豆知識

「オイル」or「グリス」どっちを使えばいいの？

基本的な考え方はギア部（歯）にはグリスを用い、ベアリングやシャフトにはオイルを差します。なおグリスはギア用とドラグ用で性能が異なります。またBBにグリスを入れると粘度が高すぎて回転が悪くなってしまいます。随所に書いているようにダイワのマグシールド製品のオイルアップにはご注意ください

035

【ラインの選び方】

エリアトラウトフィッシングで使われるラインは、ナイロン、フロロカーボン、エステル、PEの大きく分けて4種類が存在します。対象魚によってメインラインの種類は決まってきますが、このすべてが使われるジャンルはエリアトラウトだけといっても過言ではありません。

しかしどのラインが一番よいかは分からないですよね？ それぞれのライン特性をしっかりと把握することがスタートです！

各種ラインの比重による軌道

各種ラインの軌道イメージ

使っているラインによって同じルアーでもトレースコースは変わってくる

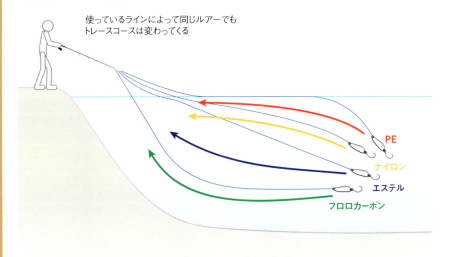

同じルアーを引いていてもラインの種類によってこれだけ軌道が異なります。意図して浮かせたい時、意図して沈めたい時、そんな時はこのチャートを思い出して下さいね。

第1章 タックル&ルアーを知る選ぶ

ナイロン

「ビギナーはナイロンから」
そう言われることも多いナイロンライン。しなやかでトラブルが少ないのがその理由ですが、適度に伸びがあって掛かった魚がバレにくいのも魅力。元気よく反転してくれる活性の高い魚が多いタイミングなら、ラインがクッションとなりフッキングがしっかりと決まりやすいです。一方で伸びがあるため感度が悪く、微細なアタリは逃しやすいのがデメリットになります。

数を伸ばしたい放流合戦やバレやすいクランク展開、厳寒期の皮一枚のバイトをキャッチしたい場面で重宝されています。エリアトラウトでの標準の太さは2.5lbを推奨します。

フロロカーボン

ナイロンに比べ伸び率が低く感度も高い。ライン自体に比重があるためルアーを一定レンジにキープしながらリトリーブしやすい。結びの強度や擦れに対する耐性も高く、岩が沈んでいるエリアでもラインブレイクを恐れず攻略できる強みがあります。繊細なバイトをアングラーが掛けていくような展開ではナイロンラインとは比較にならないくらいストレスが少ないのが特徴です。また厳寒期などの魚が中層からボトム付近に定位する時に、ラインから沈めてリトリーブしやすいメリットがあります。

デメリットは太くなるとライン自体の張りの強さで飛距離が落ちやすいこと。近年の原材料の高騰でコストが高くなっていることでしょうか。エリアトラウトでの標準の太さは1.5～2lbが推奨です。

エステル

　近年最も使用される機会が増えているのがエステルです。ナイロンとフロロカーボンの中間に当たる比重のため、レンジコントロールがしやすいのが特性です。伸び率も少なく、ルアーを操作することや微細なバイトを掛けることが意のままにしやすく細い号数を使えるため飛距離も素晴らしいのです。軽量ルアーでもナイロンでは届かないポイントまで送り込めます。

　デメリットは細いがゆえにラフに扱うとラインブレイクのリスクがつきまとうことや

PEライン同様、リーダーを結束することが前提なのでライン同士の結束方法を習得しなくてはなりません。標準の太さは0.3号が推奨です。

PE

　伸び率が最も少ないPEラインは最上級の感度を有しています。バイトを掛けて合わせていく展開では無類の強さを発揮するため、主にミノーやボトムなどの操作系プラグで使用するアングラーが多いです。

しなやかなのでキャスト時にラインの放出がスムーズで、飛距離も抜群なのでロングキャストが有利な展開でも重宝されるラインとなっています。デメリットはエステル同様にノット習得が必要なこと。ラインのクッションがないぶんバラシが多いことでしょうか。ロッドとの相性を考慮することでバラシは軽減できます。標準の太さは0.2号が推奨です。

リーダー

エステルやPEラインの先に付けるリーダーは基本的に耐摩耗性に優れたフロロカーボンを使うことが多いです。レギュラーサイズのマスを相手にするのなら主に3ポンド（0.6号）が使われます。クッション性を高めたいというアングラーはナイロンをセットする人も少なくありません。リーダーの長さは概ね30cm～1m程度です。

ラインをスナップに結束する

ルアーフィッシングの中でもポピュラーな2つのノットのどちらかを習得しましょう。結びが甘くてラインブレイクは魚にとっても人間にとってもダメージが残ります。YouTubeなどで動画の解説も多いです

クリンチノット

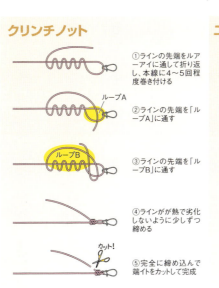

①ラインの先端をルアーのアイに通して折り返し、本線側に4～5回程度巻き付ける

②ラインの先端を「ループA」に通す

③ラインの先端を「ループB」に通す

④ラインが熱で劣化しないように少しずつ締める

⑤完全に締め込んで端イトをカットして完成

ユニノット

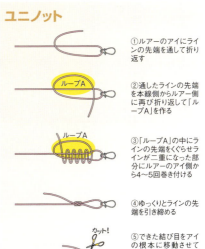

①ルアーのアイにラインの先端を通して折り返す

②通したラインの先端を本線側からルアー側に再び折り返して「ループA」を作る

③「ループA」の中にラインの先端をくぐらせラインが二重になった部分にルアーのアイ側から4～5回巻き付ける

④ゆっくりとラインの先端を引き締める

⑤できた結び目をアイの根本に移動させて余分な端イトを切れば完成

メインラインとリーダーを結束する

ラインとリーダーを結束するノットの中でも簡単で充分な強度が見込めるのがトリプルサージャンズノットです。ノットの種類はトリプルエイトノットやオルブライトノットなど多岐に渡ります。エステルにせよPEにせよ細イト同士を結束するためFGノットやPRノットなどの摩擦系ノットでなくとも大丈夫です。リーダーの結束は慣れるまではストレスに感じるアングラーが多いかもしれませんが、習得すると一気に釣りの世界が広がります。PEとエステルが使えなければ飛車角落ちで将棋をやるようなもの。苦手意識は早めになくしておきましょう！

トリプルサージャンズノット

トリプルエイトノット

エステルやPE　　　　　リーダー

①2本のラインを均一の長さで二重にして輪を作る

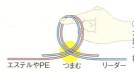

①2本のラインで同じ大きさの輪を作り、交差部分をつまんで固定。できた輪の中に人差し指を入れる

エステルやPE　つまむ　リーダー

②固結びの要領で輪の中にラインを順に3回通す

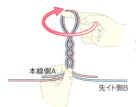

②交差部分をつまみ輪を人差し指で3回ねじる

本線側A
先イト側B

③2本のラインの輪の大きさが変わらないように両側から均一にゆっくり締め込んでいく

③2本のラインをつまんだままで人差し指を入れていた輪の中に「先イト側B」の2本を通す

④「本線側A」の2本のラインと「先イト側B」の2本を結束部のラインの長さが変わらないように締め込む

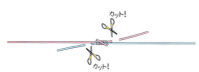

カット！
カット！

④締め込んで完成

カット！　カット！

⑤しっかりと締め込み、それぞれの端イトをカットして完成

第1章 タックル&ルアーを知る選ぶ

オルブライトノット

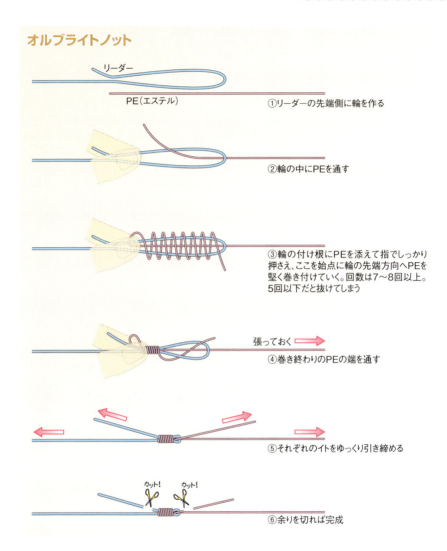

①リーダーの先端側に輪を作る

②輪の中にPEを通す

③輪の付け根にPEを添えて指でしっかり押さえ、ここを始点に輪の先端方向へPEを堅く巻き付けていく。回数は7〜8回以上。5回以下だと抜けてしまう

④巻き終わりのPEの端を通す

⑤それぞれのイトをゆっくり引き締める

⑥余りを切れば完成

※重要!

　ラインの交換時期はラインの種類や消耗具合によってもまちまちですが、ここをケチってルアーロストしては元も子もありません。PEは使用頻度にもよりますが半年以上交換しない場面もありますし、エステルのような極細ラインは2回ほどの使用で交換することもありません。仮に巻き替えないで釣行に臨むとしても、10mほどカットしてから使うだけで強度が保てたりします。ラインは文字通り「生命線」。不安のないように準備して下さい！

【ルアーの選び方】

　最も重要で最も釣果に直結するのがルアーでしょう。かく言う私も釣れると聞いては購入を繰り返すトラウト沼の住人です。ある程度長くやり込んでるアングラーはプラグ300個とかスプーン1000枚以上とか平気で所有しています。実釣面だけでなくコレクションしたくなっちゃうのがトラウト沼の怖いところです。隣の人が釣っているルアーってついつい覗き見て買っちゃいますよね(笑)。

　とはいえルアー数個だけでも楽しめるのがエリアトラウトフィッシング。敷居の低い釣りではあります。詳しい使用方法などはこれからの実釣編でしっかりとお話しいたしますので、まずは膨大なルアーの中からジャンル毎に特性を把握していただき、どんな場面で効果的なのかを理解してからスタートしましょう！

釣り場に応じて反応のよいルアーは異なり、どんな釣りをしたいかによってもタックルボックスに入れるルアーは変わってきます。ルアーを選ぶ時は至福の一時といえるでしょう

第1章 タックル&ルアーを知る選ぶ

スプーン

　エリアトラウトルアーの中で最もポピュラーなのがスプーンです。魚の活性やレンジをサーチすることが得意で、一日のゲームを決定付ける重要なルアーです。スプーンを極めると一日のスコアが何倍にも変わってきます！

アクション毎の特性

・ウォブリング
テールを振って水を強く押すアクション。高活性のトラウトに特に効果的で広範囲から魚を寄せてくる強みがあります。逆に食い気のない場面では逆効果になるので注意。

・ウォブンロール
お尻を振るウォブの要素とローリングのパタパタするアクション両方がミックスされた中間的アクション。強過ぎず弱過ぎずのアクションが高活性～低活性のどの魚にも当てはまるアクションです。

・ローリング
お尻を振らずにスプーン全体がパタパタとアクションすることで弱めの波動とフラッシングが効果的な低活性魚に向いたアクションです。魚を広範囲から寄せることが苦手な反面、居る魚を食わせる力に長けています。

3つのスプーンアクション

ウォブリング	ウォブンロール	ローリング

・進行方向を軸として左右にボディーを振る ・水を強く押すため広範囲・高活性の魚にアピールする	・進行方向を軸としてテールを左右に振りながらロールする ・ウォブリングにロールが加わることでアピール力と食わせ能力も高い	・進行方向を軸として左右にボディーを捻る ・水を弱く押すためウォブリングを見切るスレた魚にも効果的

ウェイト別の使用範囲

　右に挙げたスプーンの活性毎の使い分けはあくまで目安として捉えておいて下さい。フィールドの規模や水深では高活性魚を1gで釣る時もありますし、3gの遠投で沖の低活性魚を釣る時もあります。前記のような基準を作っておけば選ぶカラーもある程度はセレクトできるようになってきます。

　3gの放流用スプーンであれば、オレ金などのゴールド系やシルバー系の高活性カラーをメインに用意すればよいですし、1g以下のマイクロスプーンであれば、オリーブ、ブラウン、カラシなど食わせのカラーをメインにすればよいでしょう。

　すべての種類を共通カラーで揃える必要は全くなく、まずは系統別で得意なカラーを揃えた後に足りないカラーを買い足していけばお財布にも優しいです！

スプーンの形状とアクションの傾向

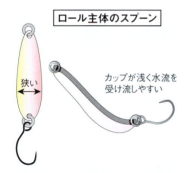

ロール主体のスプーン
狭い
カップが浅く水流を受け流しやすい

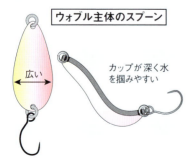

ウォブル主体のスプーン
広い
カップが深く水を掴みやすい

放流&高活性
2.0～3.0gのウォブリング系

中活性～食わせ
1.0～1.3gのウォブンロール&ローリング

放流&高活性
2.0～3.0gのウォブリング系

中活性～食わせ
1.0～1.3gのウォブンロール&ローリング

第1章 タックル&ルアーを知る選ぶ

ロッドポジションによるアクションの違い

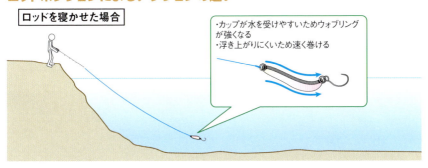

ロッドを寝かせた場合
・カップが水を受けやすいためウォブリングが強くなる
・浮き上がりにくいため速く巻ける

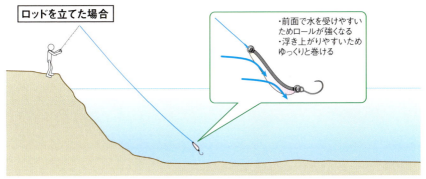

ロッドを立てた場合
・前面で水を受けやすいためロールが強くなる
・浮き上がりやすいためゆっくりと巻ける

ロッドポジションで変わるスプーンの動き

　スプーンのアクションはロッドの角度によっても異なります。ロッドを水平に構えれば横方向に水平姿勢で泳ぎ、ロッドを立て気味で構えると立ち泳ぎのような動きを見せます。

　水平泳ぎはねらいのレンジから外れにくく、高活性魚をねらう時もスピーディーな展開をしやすいです。ロッドポジションを立てた場合はスプーンが浮き上がりやすくなります。スローに巻きやすくもなり低活性魚にもしっかりとアピールしやすいです。

スプーンの明滅効果

色が表と裏で異なればアクションの際に明滅します。色のコントラストが強い、もしくは金や銀といった光ものが組み合わさったカラーほど明滅は強くなりアピール度も高まります。

045

クランク

　筆者の中ではビギナーさんこそクランクで釣りを覚えたほうが楽だと思っています！

　F（フローティング）であればルアーが持つ深度を一定速度で引けばレンジキープが可能となりますし、巻いて来るだけで釣れるオートマチックなジャンルです。

　S（シンキング）もスプーンよりはレンジキープが容易です。シンキングクランクでレンジキープを覚えるのもありだと思います。

　クランクも種類は多彩ですが、基本となるコンセプトは「スプーンよりも低速域でレンジが引けますよ」ということです。一般的なルアーローテの順番でいえば高活性な魚をスプーンで釣った後で、ちょっと渋くなってきてから数を伸ばしていくためのルアーがクランクになります。

タイプ別サーチ範囲

◎ SR（シャローランナー）
◎ MR（ミディアムランナー）
◎ DR（ディープランナー）
◎ S（シンキング）

　パッケージの裏には有効レンジが明記されている場合もあります。魚のレンジが分かれば後は食わせるだけ。そこで必要なのはどのルアーがどういう特性なのかを知るだけです。

　私が一軍として使用しているクランクをいくつかご紹介します！

第1章 タックル&ルアーを知る選ぶ

トップから水面直下
バービー、パペットサーフェス、ちびパニ SR、ピコイーグル、スマッシュ HF

表層
イーグルプレイヤー MR、RC シケイダー、ワウ 37、ファットモカ SR、クーガ nano、つぶアン

中層
RC ディープクラピー、ワウ、パニクラ MR、スマッシュ SS、モーストバービーハーフ、さかさにょろ

ボトム付近
パニクラ DR、ボトムクラピー

もちろんほかにもたくさんありますが、まずはどのルアーがどのレンジで効果的なのかを把握しておいて下さい。カラーはその時しだいなので、ある程度幅広くクリア系、蛍光系、グロー系、暖色系と揃えて欲しいですね！

クランク使いの基本

フローティングモデルは各クランクに設定されたレンジをねらう。シンキングモデルは任意のレンジに沈めて使用

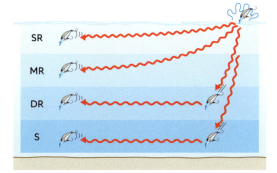

047

ボトムルアー

底をねちねちとねらえるボトムルアーは近年、かなり細分化されてきました。低活性な状況に強く、昔はシーズン的に冬に特化したルアーの位置付けでしたが、今は夏でも確立されてきた感があります。

ボトムに関しては実釣編でかなり詳しく書いています。ルアーや使い方についてもそちらをご参照ください！

シャインライド、ライオームnano、ダートラン、ツーウィン、ビースパーク、そことろ、ザッガーB1

ミノー

ミノーは多彩なルアーフィッシングで使われていますが、エリアトラウトフィッシングにおいて「ミノーイング」と言えば「マジックジャーク」などを用いてニジマスを釣るスタイルと、大型ミノーなどを用いて色モノをねらうふたつのスタイルに分かれています。ただ巻きではなく、操作して魚のスイッチを入れるゲーム性の高さ、興奮度の高い釣りが楽しめます。

マジックジャーク系ミノー

マジックジャークは実釣編でも後述しますが、基本的には専用ミノーを使わないとやりにくい特化した釣り方が特徴です。チャレンジするならばまずは専用ミノーを買うところからスタートしましょう。

スティルT2、GJ、TCレイゲン、ザッガー50F1、グリム、ダブルクラッチ

第1章 タックル&ルアーを知る選ぶ

色モノ専用ミノー

こちらは大型トラウトや色モノなどをねらう専用のミノーです。近年は魚の高騰で大型トラウトをたくさん放流する釣り場が少なくなってきています。またラン&ガンをするミノーイングは釣り場の混雑によりなかなかやりにくい時代になってしまいました。

デンス、月虫、ブラストイットミノー、ハンクルシャッド、パニッシュ

お助け系ルアー

「何が何でもとにかく釣りたい！」と言う人にオススメなのがお助け系ルアーです。ビギナーさんをお連れする時にケースに入れておくとなにかと便利です。

　注意していただきたいのは、お助け系ルアーは釣り場によっては使用禁止の場合があることです。レギュレーションをしっかりと確認してから使って欲しいですが、使用禁止になるくらい釣果が出るということです！

フェザー、スティック、ペレット系

　エリアトラウトフィッシングはたくさんのルアーの中から当日の最適解を探していくのが楽しみのひとつ。もちろんルアーを数多く持っていれば釣果が約束されるわけではありません。しかし手持ちが多ければ状況に対応できる可能性が広がります。魚が好むルアーやカラーは釣り場によって違います。いろんな釣り場に通いながら好みを買い足して行って下さいね！

　ではこうしたルアーがどうやって製造されていくのか？　次ページからはルアー工場への大人の社会科見学をしていきます！

大人の社会科見学
ルアー製造現場に潜入！

釣りにのめり込むと、釣りにまつわるすべてのことが知りたくなる釣りバカたち。飽くなき知識欲が釣り人を成長させると言っても過言ではありません。このコーナーでは皆さんをルアー製造の現場にご案内します。

普段、何気なく使っているルアーたちがどうやって作られているかご存じですか？　こういった製造現場は機械や技術、どれを取っても社外秘なものがほとんど。この単行本のため、そして皆さんの知識欲を満たすために協力してくれたのは株式会社DUOさんです。

ソルトやバスも嗜む人ならご存じの方も多いと思いますが静岡県焼津市に本社・工場を構えるルアーブランドの老舗中の老舗です。安価な海外生産を軸に展開するルアーメーカーを横目に、最高品質の国内生産にこだわり続ける筋の通りまくったブランドなのです。

DUOさんは自社製品の製造から流通まで手掛ける傍ら、他社製品の製造を請け負うOEM生産もしています。皆さんが普段使う一流ルアーも実はDUOが製造しているというケースも多いと思います。

私たちの愛するエリアトラウト業界にもメイドインDUOなブランドはいくつかあり、その中でも抜群の人気を誇るのはご存知ヴァルケインです。

精巧で個体差が少ないヴァルケインプラグの品質はDUO社に支えられています。今回はDUOさんとヴァルケインさん双方にご協力を頂きましたので、ヴァルケインプラグが完成されるまでの道のりを見学していきましょう。

それによって知って欲しいのは、ひとつのルアーがお店に並ぶまでにこれだけの人間が関わって途方もない愛情を注がれて世に出ていることです。お金を払って買うルアーの評価はそれぞれが好きに行なえるものですが、本稿を通じてお手持ちのルアーに対して少しでも愛着が増してくれればなと思っております。

① まずは成型！

一台2000万円もする成型機に樹脂のチップを入れて成型していきます。一台の機械の生産力は一日約2500個。こんな機械を何台も導入するルアー工場は莫大なコストが掛かります

ルアーを成型するのに欠かせないのが金型です。文字どおりルアーを形作る金属製の型ですね。これもまた高額で200万円ほど

成型されて出てくる頃には既にルアーの原型になっていますね。プラモデルみたいでかわいい！

② 次はセット・接着

成型後はウェイトをセットして左右を合体させる作業から入っていきます。こうしてきれいにセットされているさまは圧巻でした

スポンジに沁み込ませた溶剤に接地面を付け、接地部を溶かして溶着する手法を取ります。筆者は接着剤で接着しているのかと思っていましたが、正しくは溶着なんです

セット・接着チームは女性のスタッフさんがほとんど。ルアーに余計な油分が付かないようにハンドクリームも洗い流してから作業に臨みます。次の作業に移るまでにズレがないかなど徹底的に検品。ちなみに熟練スタッフで一時間につき50個ほど接着するそうです

専用の治具で固定し、硬化するまでは大体一日を要するようです。これらの工程はすべてが手作業。もっと機械化されているのかと想像していました

③ そしてバリ取り

ルアーを専用の治具に固定し、リューターやナイフなどを使ってきれいにバリを取っていきます。治具もナイフも作業効率を上げるために工場内で独自で作り上げているそうです。もちろんこれもすべて手作業。丁寧に行なわれるバリ取りは一人に付き一時間で20個ほどが限界だそうです

④ 浸水チェック

この写真はシャインライドですね。お湯の中に30秒ほどルアーを入れて圧力を掛けることによって浸水チェックを行ないます。ルアーに隙間があり内部に水が入ればとんでもないこと。専門のスタッフが一つ一つ目視で水漏れチェックを行なっています。最高品質のルアーを世に出すためには欠かせない作業。そうして合格したルアーだけが塗装ブースに回ります

⑤ 塗装ブースは圧巻の60ブース！

エアーシャワーで埃などを徹底的に除去してから入室します。ここを通らないと塗装ブースへは入室できません

どんな塗装にも対応できるよう設備の整ったブースがずらりと並びます

DUOの塗装スタッフさんたちの熟練度は相当なもの。ヴァルケインプラグに品質ムラは全くないです

特殊な模様はこういった道具を用いて塗っています。もちろん特注で作らなければならず、凝ったカラーほどコストが掛かります

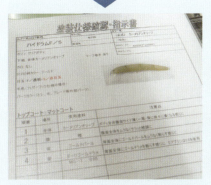

塗装の仕様書がしっかりしているので、誰が塗っても品質のムラがない製品として世に送り出せるのです。こういった仕様書は全工程で存在します

DUO社はルアー自体にプリントする技術も持っていて、超特殊なカラーを作り上げることも可能です。最先端の設備と技術力が揃っています

塗料もめちゃくちゃ種類がある！ここから専門スタッフたちが調色していく訳ですね。自塗り塗装をする釣り人が涎を垂らしそうな環境です

ルアーの背中やベリーを見るとルアー名やF・Sなどの仕様がプリントされています。これはパット印刷と呼ばれる印刷技術です

053

専用に型取ったシリコンに固定して一つずつ印刷していきます。久し振りに機械が登場しましたが、セットや取り外しは人の手で行ないます

作業を行なうプライヤーも先端を加工して作業効率を上げています。

ルアーの命ともいえる目入れ。DUO社ではルアーアイすらも自社生産で行なっており、サイズやカラーなどが何種類も用意されてます。ルアーに生命感を与えるアイは重要な要素

箱詰めをして製品として完成！ ひとつのルアーに対して、大体10人以上の手が加わっています。もっと機械化されてオートマチックに出来上がっていくところを想像していたのですが、かなりハンドメイド要素が強くて衝撃を覚えました。コストの安い海外ではなく、国内工場で日本人を中心に作ってこの価格って凄いことだと思います。企業努力の賜物を垣間見た気がしますね

とても大変なリング付け＆フック付けのアッセンブリ。シーバスルアーなどはそれなりのサイズ感がありますが、トラウトルアーはすべてが小さいのでスピードと質を求めると熟練度が要求されます。私が行なうスピードよりも5倍は速くてビックリしました

ルアーメーカーの開発とは

ヴァルケイン代表・**菊地栄一**さん

数あるエリアトラウトブランドで、自社工場でプラグを製造しているのはジャッカル(TIMON)やラッキークラフトくらいです。ほどんどのメーカーはOEM生産に頼っていますが、いかに製造元に開発コンセプトのイメージを伝えていけるかが鍵となります。

ヴァルケインはDUOと組んで12年。元々はスプーンブランドとしてスタートしましたが、プラグをリリースする段階で組んだのがDUO社でした。代表であり、デザイナーでもある菊地さんは「DUOと出会ってブランドとしての方向性が格段に広がった」と言います。

DUO社と付き合うメーカーが口を揃えて言うのが「スピード感」です。切削でサンプルを作るのがわずか1日。その翌日にはスイムチェックまで行なえるスピード感はルアーメーカーにとっては何物にも代えられないメリットでしょう。同じ敷地内でスイムチェックができる環境が整っているルアー工場はそうありません。しかも巨大なチェック水槽です。

ヴァルケインの骨太な開発コンセプト

菊地代表の開発理念は「5年、10年先でも変わらずに釣れるスタンダードなルアーを作る」と言うもの。確かにヴァルケインのルアーはその時々の流行を追い求めるものではなく、王道でスタンダードなコンセプトの中にオリジナリティを吹き込んでいくルアーが多いように感じます。

ブームに乗っかり、売れなくなったら次のブームを探すようなブランドはどこかで限界が来るものですが、何年もエリアトラウトシーンを牽引するヴァルケインの強みはこうした骨太な企業体質があればこそといえるでしょう。

皆さんがルアーをキャストして魚が釣れた瞬間の最高の笑顔が生産者や開発者にとっての原動力となります。

私から言えることは「楽しんで使って下さいね!」ってことです。

ルアー開発だけのために作られたDUO社のスイムチェック用水槽(長さ25m・最深部4.5m)は国内最高峰。水族館と全く同じでコストは数千万では済まないだろう

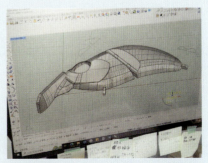

DUO社はルアーデザインを描いてからのサンプル出し、スイムチェックまでのスピードが驚異的に早いと菊地さん

小物&ギアの選び方

フック

　原則としてこの釣りはバーブ(カエシ)付きのフックは使用しません。そしてハリ先が鈍ると恐ろしく釣れなくなりますから頻繁に交換します。またバイトの質に応じてフックの種類を変えるほどエリアトラウトフィッシングは進んでいます。フック選びは沼過ぎる事柄なのでP183でも集中的に書いています。スプーン用とプラグ用の2タイプをサイズ別に2つずつくらいは持っていきましょう！

魚が確実にいる釣り場だからこそフックの重要性を実感します。私のフックケースにはよく使う#6～12と形状の異なる数種類を必ず携帯しています

スピーディーなフック交換の方法

　フックを頻繁に交換する釣りですから、その方法も紹介しておかなければいけません。スプリットリングは爪でも開きますが、爪が割れることもあり短く切っている人はやりにくいです。エリアトラウトルアーは#0前後の小さなリングを使うことも多いため、なるべくスプリットリングプライヤーを使ってください。

　古いフックを外してからスプリットリングを再び開け、新品フックを差し込むのは効率が悪いので、写真のように一手間で交換するのがオススメです。

01 ダブルリングで実演

02 フックリングにプライヤー(フックオープナー)を差し込んで開く

03 古いフックを回してリングの隙間に差し込む

04 新品フックを用意してリングの隙間に入れる

05 新品フックのアイで古いフックを押し込むように回すと

06 古いフックが外れて交換完了です

スプリットリング

　エリアトラウトフィッシングはスプリットリングにも大いにこだわります。伸びるもしくは錆びた時に交換するのはもちろんのこと各ルアーに応じた使い分けもしています。
　小型ルアーにマッチするリングサイズは#00〜1がメインです。カラーは黒とシルバーがあり、存在感のない黒色が標準として使われています。
　リングサイズを上手く利用してアクションの強弱やレンジコントロールをする上級者も一定数います。
　例えばマジックジャーク用ミノーの標準リングに#0が使われていたとして、#00に交換すれば浮力が増してルアーの浮上スピードが上がる効果が得られます。こうした少しのリングチューニングで釣果が変わるのがエリアトラウトフィッシングです。

メインサイズは#00〜1。黒いスプリットリングが標準装備されたルアーが多いです

ダブルリングの効能

　アイが縦アイ仕様のプラグにスプーン用の横アイフックを装着させるため、リングを二連にすることはポピュラーなリングチューンです。搭載できるフックの種類も飛躍的に増えるので、バイトの質にフックを合わせていくことがよりイージーとなります。たかがリングですが、されどリング。こういった小物使いの一工夫が釣果アップの秘訣になります。

ダブルリングでスプーン用の横アイフックが装着されたクランク

プライヤー（フックオープナー）

　エリアトラウトのルアーは小型です。スプリットリングも#00という極小サイズまで使います。このためマイクロスプリットリング対応のプライヤーを利用するのがおすすめで、ピンセットタイプも便利です

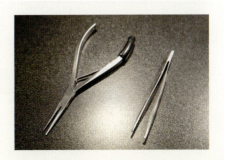

スナップ

ルアーローテーションが頻繁な釣りだからこそスナップは必需品です。筆者はルアーサイズやアクションによって5種類を使い分けています。ストレートタイプをメインに、動きをよくしたい時はオーバルタイプに取り換えます。なるべく線径が細く、軽量のモノを使って下さい。

ルアーの可動域が広くなるオーバルタイプのスナップ

数種類のスナップを携帯

バッカン

ロッドホルダーの付いたバッカンシステムが現在のエリアファンのスタンダード

近年はバッカンにルアーケースやワレットを収納するスタイルが確立されています。収納力はもちろん、ロッドスタンドが付いているなど非常に使い勝手がよい製品ばかりです。ワレットやルアーケースにルアーを収納し、それを仕舞うためのバッカンという位置づけから、バッカンに装着できるパレット（収納システム）をカスタムする人が増えてきています。周辺パーツも販売されていますので好みのスタイルを求めてトライして欲しいです。

第1章 タックル&ルアーを知る選ぶ

収納システムの例

筆者の収納システム。観音開き式の大容量

フックもこうしてセットしておけば手返しアップ

これは筆者の私物ですがロデオクラフト社の40cmサイズのバッカンに合体できる収納システムです。maniac'sオリジナルモデルとして販売するためにテストをしているアクリル製のモデルとなります。ルアーローテーションの効率を上げるために、こういったシステムを使うと非常に便利です。それはトーナメンターでも一般アングラーでも変わりません

筆者は観音開き式にして、そこにメインスプーンと替えフック、そして二段式のトレイにメインで使うプラグ類を収納しています。システム内で釣りが完了するように大容量とし、登場回数の少ないルアーやフックストックなどをシステム下部に収めるようにしています。こういったシステムは複数社から発売されている一方、DIYを楽しむアングラーも多いです。こういうシステム作りも楽しいですよ！

スプーンワレット

ワレットにぎっしりと詰まったスプーンを眺めてお酒が飲めちゃうほどコアなエリアファンがいます。それくらいこの釣りでスプーンは重要なルアーです。「メーカーごとの収納」「ウェイト別の収納」「シリーズ別の収納」など収納の仕方はさまざまですが、ローテーションのしやすい収納方法がベストです。

ワレットの中を機能的に使えるかでストレスは大きく変わります。各社からさまざまなサイズのワレットが発売されており、ご自身のスタイルに合ったサイズや内部形状を選んでいきましょう。

ロッドスタンド

いわゆるサオ立ても多彩なアイテムが存在しています。エリア用バッカンにもロッドホルダーが付いており最大4本まで立てられます。釣り場に持参する本数が少なければ特に必要はありません。

トーナメンターやコアなエリアアングラーは釣り場に6本前後を持ち込むことが多く、そういった場合は画像のように専用のロッドスタンドを用意します。強風時に倒れにくいバランス設計で適度に重量があるものがベストです。

ロッドスタンドなどのツールを持たずに遊ぶアングラーが、魚が釣れた時に地面にロッドを寝かせているケースを見かけます。時にロッドを踏ん付けて破損するトラブルもあります。安価な製品で構いませんのでぜひロッドスタンドを使って欲しいです。

リリーサー

ヘッド形状によってリリースの仕方も変わるので注意

ピンオンリールにセットして腰からぶら下げておくのがおすすめです

リリーサーは必需品と言って過言ではありません。持っていないとランディングからリリースまでの効率が著しく悪くなります。モタモタしていると魚も元気に返せません。ピンオンリールとセットして腰から下げて使うと便利です。

横に払うようにリリースする釣り人と、真後ろに引くようにリリースする釣り人がいます。リリーサーのヘッド形状によって向き不向きがあるので注意が必要です。最近のリリーサーは親切でどちらの外し方でも使えるような2WAYな形状を採用しているものも多いです。

第1章 タックル&ルアーを知る選ぶ

リリーサーの使い方

横払いで使う位置

真後ろに引いて使う位置

横に払うようにリリースする

後ろに引くようにリリースする

横に払うタイプのリリーサーです

ランディングネット

エリアトラウトフィッシングは原則として魚を傷めないラバーネットのみが使用可能となります。レンタルできる釣り場もありますが、マイネットで魚をすくうのは楽しみのひとつといえるでしょう。

ネットスタンド

ランディング効率を上げるような周辺パーツも発売されています。写真のVアームのようなアイテムを付けているのは妥協を許さないアングラーです。

ルアー回収機

フローティングタイプとシンキングタイプの回収機を用意しておくと大切なルアーをロストするリスクが軽減できます。必需品ではありませんがエリアフリークのほとんどが所有しています。なおルアーが視認できなければ使えません。回収時は他のアングラーに迷惑のならないような配慮も必要です。

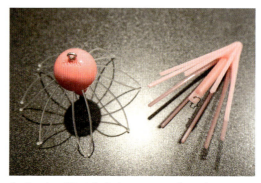

左がシンキングタイプ、右がフローティングタイプ

第1章 タックル&ルアーを知る選ぶ

ルアー回収機の使い方

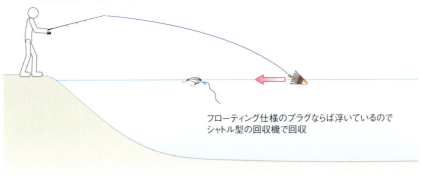

フローティング仕様のプラグならば浮いているのでシャトル型の回収機で回収

シンキング仕様のルアーは沈下タイプの回収機が適しています

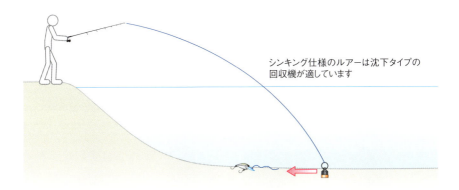

偏光グラス

水中やラインが見やすくなる偏光グラスは必須といってもよいアイテムです。飛んできたルアーから目を守るためにも必ず装着して欲しいですね。サングラスと違い水中に反射した光をカットしてくれるので安くても用意したほうが得策です。

虫除け

　夏場から秋にかけて蚊よりも天敵となるのが吸血虫のブヨです。ハッカ系の虫除けはブヨが飛び始める朝夕に必ず塗布しておいたほうが無難です。気付かずに刺されて病院送りになったケースを何件も知っています。ナチュラルケミストリーラボ「BPEファブリックスプレー」はブヨにも効果抜群でおすすめです。

凍結防止剤

　厳寒期になると先端ガイドの水滴が凍って釣りにならなくなるケースがあります。そこで傷ついたラインが切れてルアーをロストすることも多いのです。凍結防止剤を塗布しておかないと経済的にも大打撃です。痛い思いをした釣り人はほぼ100％買っていく冬場の人気商品です。

【まとめ】
　このようにまとめると揃えるモノがたくさんあり過ぎると思うでしょうが、すべて意味があるアイテムばかり。実際に釣りをしてエリアの沼にハマっていくとこだわりが強くなり実釣性能を求めて欲しくなるはずです。

第1章 タックル&ルアーを知る選ぶ

信頼できるプロショップでアドバイスを貰いましょう！

筆者自身が釣具屋なのでよく分かりますがエリアトラウトフィッシングを理解しているお店は思っている以上に少ないです。適当なことを言われて余計な買い物をしたお客さんをかなり見ています。よい機会なので間違いのないショップさんをご紹介します！

タックルに対しての知見はもちろん実釣の部分までしっかりとレクチャーすることができるのがプロショップだと思っています。量販店さんは店舗によってエリアトラウトの取り扱いがなかったり、詳しい担当さんも異動でいなくなったりするので、ここでは割愛させて頂きました。

エリアトラウトに関してはプロショップのほうが得意ジャンル。上達の近道は詳しいお店に通うことだと思います！

アカサカ釣具
栃木県佐野市

1900年創業の老舗中の老舗。総合店でありながらもルアージャンルの品揃えも豊富で、特にエリアトラウトは精通したスタッフが揃う北関東の人気ショップです。一店舗で多魚種の道具が揃うのも魅力。

プロショップ オオツカ
埼玉県熊谷市、埼玉県川越市、群馬県高崎市、群馬県伊勢崎市、栃木県宇都宮市、千葉県佐原市、長野県長野市

北関東を中心に展開し、オリカラ文化に火を点けた老舗です。店舗ごとに特色があり、通いたくなる魅力が溢れています。通販部門もしっかりしており、国内だけでなく海外のファンも多い。

吉や
東京都武蔵野市

お洒落でアットホームな雰囲気の吉祥寺にあるプロショップ。エリアトラウトだけでなくブラックバスにも精通。ソルトルアー専門の海吉も経営しています。

065

城峰釣具店
埼玉県秩父市

JHのシールでお馴染みの大人気オリカラを擁する人気ショップ。現場主義から生まれる釣れるテイストを盛り込んだオリカラ制作と企画力により入手困難となるほどの人気アイテムが多数取り揃えられています。

タックルアイランド
埼玉県越谷市、東京都千代田区

トラウトに強い越谷タックルアイランド（埼玉県越谷市）とトラウトアイランド（東京都千代田区）が人気のアイランドグループ。プロショップらしい品揃えと接客力、店舗ごとのオリカラが人気です。

バックラッシュ
岐阜県岐阜市

バスNo1ショップでありながら近年急速にエリアトラウトへ進出。西日本最大のトラウト在庫で中部のトラウトアングラーを支える人気ショップ。通販に頼っていた中部勢に「見てから買う」環境を整えた中部の老舗プロショップです。

アングラーズショップ maniac's
東京都足立区

僭越ながら筆者が経営するお店も入れさせて頂きました。先述のショップ様に比べると若く未熟なショップではありますが、これからも面白い企画をたくさん考えて行ければと思っています。

第2章
釣り場の選び方とマナー

タックルの準備が整ったところで「いざ釣り場へGO！」と行きたいところですが、一体どんな釣り場を選べばよいのでしょう。

関東甲信越にお住まいのアングラーであれば「釣り場は無数にある」と言ってもよいくらいに管理釣り場の数が多いです。一方関西圏のアングラーは選択肢が少ないかと思います。冷水域を好むトラウトなので内陸部に釣り場が多いことはもちろん地域によって数はまちまちです。SNSやブログを見れば露出の多い釣り場はある程度決まっていますが、調べてみると実はかなりの数の管理釣り場が存在します。まずはどんな形態があるのかを解説していきます！

第2章 釣り場の選び方とマナー

どんな管理釣り場があるのか？

　管理釣り場の形態はさまざまで個性に溢れています。放流されている魚種はもちろん、釣り場の規模感や水深、流れの有無なども多岐に渡り、その釣り場毎の戦略も変わってきます。大まかに分類分けしてみましょう！

止水タイプ

　管理釣り場の中では最もポピュラーな閉鎖水域のポンドタイプです。川水を流入させていたり湧水を使っていたりとトラウトの生息に適した水を利用しています。止水タイプの釣り場は自然な流れが生じにくく、酸素量を確保するために水車を回してポンプを利用している釣り場もあります。
　トラウトは流れに付きたがる習性があり必然的にそういった水車周りやインレット（流れ込み）、アウトレット（流れ出し）が人気の釣り座となってきます。

流水タイプ

　河川の一部を仕切って運営する釣り場もあります。豊富な水量を確保しやすく、高水温期でも釣りがしやすい釣り場が多いです。通称「ストリーム」とも呼ばれています。水温をキープしやすいため、イワナ、ヤマメ系の魚種が多数放流されているケースが見受けられます。流れの筋を見極めることが釣果を左右し、流れの中でも破綻しにくいルアーチョイスが求められます。台風や大雨の増水で氾濫してしまうこともあり、訪れる前に営業情報をHPで確認するとよいでしょう。

プールタイプ

　夏場は水泳用のプールとして営業し、冬季限定で管理釣り場となるフィールドがいくつか存在します。ほとんどの釣り場が水道水を利用しています。

　例外もありますが、ほとんどの釣り場は1.2mほどの水深です。狭い範囲でのレンジコントロールが釣果を分けます。都市部にある釣り場が多く安・近・短な釣行が可能な敷居の低さも魅力です。

　釣り場によって効果的なルアーや攻略法、それに準じたタックルセレクトの組み立ても変わってきます。何十年とこの釣りに関わっている筆者ですが、いまだに釣行前はワクワクします。

　情報を事前に調べ「大型魚がねらえる釣り場だからタックルは強めにしていこう！」「小規模ポンドなのでショートロッドで手返しよくねらおう！」というぐあいに準備することが釣果に大きく影響します。例えば浅いプールで5gのスプーンをメインに釣りを組み立てても明らかにセッティングが合っていません。それぞれの釣り場に適したルアーやラインの太さが異なります。

　放流されている魚種やレギュラーサイズなど、釣り場の形態などはしっかりと確認してから釣行するとトラブルが軽減されます。

　そして管理釣り場の料金体系もチェックしておいたほうがよいでしょう。釣り場にもよりますが、「一日券」「半日券」「3時間券」「ナイター券」など細かく分けていることが多いです。一日券の相場は5500円前後が多いように感じます。釣り場によっては女性券や子供券に割引がありますから事前に料金は確認してください。

　そして持ち帰りできる魚の尾数も券の種類によって変えている釣り場が多いです。1日券の利用者だと15尾まで、3時間券の利用者だと5尾までなど、券ごとに尾数が変わるので注意が必要です。また大型魚の持ち帰りは不可というルールを作っている釣り場もあります。レンタル

どのエリアもかなり細かい料金システムになっている。どの券が自分にマッチするかも含めてしっかり検討しよう

タックルやラバーネット、魚を持ち帰りたい方はスカリの貸し出しというぐあいに自分のニーズに合ったサービス情報もチェックをしてくださいね。

管理釣り場を調べるならこのHP！

おすすめのHPが「管理釣り場ドットコム」です。ここを検索すれば必要な情報がすべて揃います！　しかもエリアトラウトのみならずブラックバス、ヘラブナ、はたまた海上釣り堀の情報まで網羅されており、あらゆる管理釣り場の情報を一手にまとめた素晴らしいサイトです。

かくいう筆者もドットコムさんを見て新たな管理釣り場にお邪魔することが多く、無料でこれだけの情報を提供してくれることに頭が下がるばかりです。本書を書いている10月頃はちょうど管理釣り場がリフレッシュオープンを迎える時期ですが、そんなオープン情報までしっかりまとめてくれるので本当に重宝しています。

どこを選べばよいのかは「どんな釣りがしたいのか」によっても変わってきます。「大物がねらいたい！」ならば大型マスが放流されている釣り場をチョイスする必要がありますし、ルアーフィッシングだけではなくフライフィッシングも同時に楽しみたいのなら「フライフィッシング可能」な釣り場を選ばなければなりません。

釣り場によって個性はバラバラ。放流されている魚種やサイズも異なります。まずはエリアトラウトフィッシングのどの部分に憧れ

てトライしようと思ったのかを思い出して検索してみて下さい。

管理釣り場ドットコムさんは、定休日や営業時間のほかに、水深や水質、釣り場の特徴まで詳細な説明が載っています。写真も多くて分かりやすく、行く前から釣り場のイメージができるほどの情報量です。釣り場の公式サイトもリンクされており、より詳しい情報が知りたければ公式サイトへ飛べるのも便利ですね。

筆者が釣り場に対しての質問を受ける際は必ずおすすめしているサイトです。今まで知らなかった管理釣り場、思わぬ穴場に出会えるかもしれませんので検索してみてください。

服装の注意点

防寒対策はしっかりと。雨や雪で濡れないアウターもマストアイテム

　管理釣り場は山間にある場合も多く朝晩は思っていた以上に寒いです。その地域の気温を調べておくことは服装の面でも釣りの戦略の面でも重要です。不意の降雨にも対応できるようにレインウェアは常に車に積んでおくと便利です。

　また釣り場は未舗装な場合も多く、雨後はぬかるんでスニーカーが汚れてしまうこともしばしば。長靴が必要というほどではありませんが、汚れてもよい靴か防水性の高い靴を選ぶと無難です。あとは事故を防ぐためにもキャップと偏光グラスは必須です。

好ポイントとなる位置は？

　多くの魚が放流された「釣れる釣り場」にお客さんが多いのは間違いありません。魚が溜まりやすいインレットやアウトレット、止水釣り場であれば噴水や放水口など水の動きのある釣り座に魚は集まりやすく、流れの中にいる魚ほど活性は高いです。このほかに魚が付きやすい場所といえば桟橋タイプの釣り場であれば意外と足もとの陰にも身を潜めています。またプールのようなコンクリートで舗装された釣り場を除いて大抵の池にはカケアガリがあり、魚たちの回遊コースになっています。カケアガリがなるべく離れている場所、もしくは近くてもブレイクの角度が緩い場所が好場所です。そういった所はルアーをしっかりと見せることができるからです。

桟橋の下にも魚は寄り付く

流れのできるスポットには高活性な魚が付きます

噴水周辺は魚が溜まりやすい

第2章 釣り場の選び方とマナー

場所取りは どうすればいいの？

　場所取りはエリアトラウトフィッシングの中でも「トラブルNo1」と言ってもよいかもしれません。釣り場によって場所取りのルールはしっかり決まっています。楽しいはずの釣りが一気に台無しになりかねませんので一日を楽しく過ごすために事前のリサーチは必要不可欠です。筆者の経験では、前日の閉園後から受付の前にネットが並び、未明の3時に到着したのに50番目なんてことがありました。

●場所取り方法の一例

1、受付後に釣り場へ入場
このシステムの釣り場が多いように思います。受付で釣り券を購入してから釣り場に入場し、場所取りはそこからスタートという方法です。釣り券を買っていないのに先に場所取りをしてしまってトラブルになるケースがありますから注意してください。

2、受付前に釣り座を確保
受付前に釣り座を確保できる釣り場もあります。ずっと受付に並んでいるのは大変なので自前のネットや椅子などのアイテムを釣り座に置いて場所取りをします。

人気釣り場は前日から受付に並んでいる人もいます

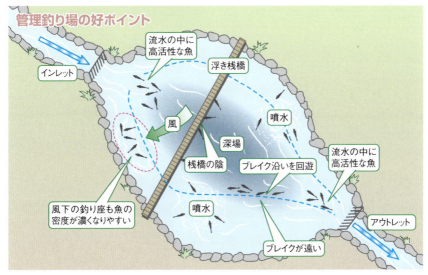

覚えておきたい
マナーと注意点

隣の釣り人との間隔は何メートル？

　具体的にどれくらいの間隔がベストというルールはないように思います。当然ながら距離が近すぎるとトラブルのもとになります。釣り場が空いていれば3mは間隔を取りたいです。大混雑でも最低ロッド一本分（約2m）は確保してほしいです。

　最も基本的なこととして大切なのは挨拶です。
「お隣よろしいですか？」
の一言があれば大きな揉め事にはなりません。お互いが気持ちよく釣りができる距離感を段々と覚えていってください。

注意したいキャストコース

　管理釣り場では自分から見て正面に投げることがマナーとなっています。空いている時は斜めに投げても問題ありませんが、隣のキャストコースに割り込むようなキャストはご法度です。キャストの技術が未熟であったり、強風時には仕方のない場合もありますが、お隣のアングラーに一言あれば互いに気持ちのよい釣りができるでしょう。

人間を釣らない釣られない

後方を確認せず大きく振りかぶるキャストをビギナーさんはやりがちです。後ろを通り過ぎる時に自分が釣られちゃうトラブルはシーズンに何度か耳にします。いくら細軸のバーブレスとはいえ、掛かりどころによっては大怪我になります。釣るのも釣られるのもお互いにとって最低の出来事です。少し気を付ければ済む話ですが熱中していると周囲に目が行かなくなってしまいます。
「怪我した！ ロッドが折れた！ 弁償しろ！」
なんてトラブルに巻き込まれないように充分に注意して下さいね。

混雑している釣り場は細心の注意をしてキャスト

魚の取り扱いは丁寧に！

エリアトラウトフィッシングはキャッチ＆イート派も増えていますが、概ねキャッチ＆リリース派の割合が多いです。いずれにせよ管理釣り場ではラバー製ネットの使用が義務付けられております。間違っても海釣りで使われるようなネットはお持ちにならないようお気を付けください。

リリースをするなら魚に対してダメージは最小限にしなければなりません。トラウトは繊細です。体表が傷付くとそこから病気にかかり死んでしまいます。白カビが生えてボロボロになった魚を見掛けたことがありませんか？ リリースの仕方が悪く、体表が傷ついてしまった結果です。そうなるとエサも摂れず、間もなく死に至ります。

ネットインせずにフックを外せるようならばフックリリーサーで素早く水中に戻し、ネットが必要な場面でも魚には手を触れないように徹底しなければなりません。写真を撮る場合もできる限り水中に魚を入れたまま行ないたいものです。

後述しますが近年は魚の原価が高騰して各釣り場は放流量を確保するのに四苦八苦しています。遊ばせて貰っている我々が今一度魚の命の尊さを考え直さなければいけません。

フックリリーサーを使いこなせるようになるのもエリアアングラーのたしなみです

ラバー製ネット以外は使えません

第2章 釣り場の選び方とマナー

タックル管理も自己責任です

タックルの盗難に注意！

　釣り場で道具の盗難に遭ったお客様をたくさん知っています。トイレに行った隙や、お昼ご飯を食べている最中にタックルの盗難に遭うケースが少なからずあります。同好の士にそんな人間がいるわけないと思いたいのですが、筆者のお店でも万引きは結構あります。

　ちょっと面倒ですがタックルは常に目の届く場所に保管するくらいの自衛は必要です。思い入れのあるタックルたちが盗まれるなんて悲し過ぎます。

お昼は買っていく派？

　釣り場によってはバーベキュー施設やキャンプ施設が整っている釣り場があります。エリアトラウトフィッシングはバーベキューも組み込んで家族で楽しめる釣りであることを忘れてはいけません。釣った魚を食べなくともきれいなログハウスで美味しい食事を頂ける釣り場もあります。

　ただしカップラーメンなどの軽食のみ取り扱う釣り場もあり、食料が何もない釣り場も珍しくありません。そんな時に最寄りのコンビニまで30分以上掛かって絶望したくないですよね。こうした食事処の有無は釣り場の公式HPに大抵記載してありますが、電話して確認しておいたほうが確実です。その際にヒットルアーやカラーなども聞いておけば当日の釣りも数が伸びるかもしれません。

エリアによっては食堂に名物料理があります

バーベキュー施設が整った釣り場はファミリーフィッシングにもぴったり

【まとめ】
　楽しいエリアトラウトフィッシングは釣り場を選ぶ段階からスタートします。大切なのは「事前の情報収集」。ネットやショップで情報をしっかりと仕入れてから釣り場に向かって下さいね！

実釣編に入る前に覚えておきたい基本項目

基本のキャスティング

エリアトラウトのキャスティングはコンパクトを心掛ける。大きく振りかぶるキャストは必要ない。バックスイングは12時の位置。リリース位置は2時もしくは10時の位置の45度が目安。バックスイングの際に腕をひねらないように真っ直ぐ行ないます。
フケが大きく出ないようにライナー気味に飛ばすのがキモ。
1g以下の軽量ルアーはサオの反発を利用するというよりロッドを鋭く振る初速で飛ばします

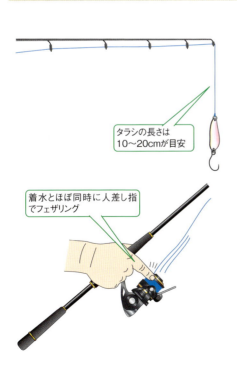

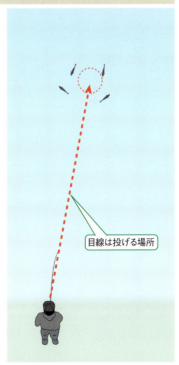

基本の構え

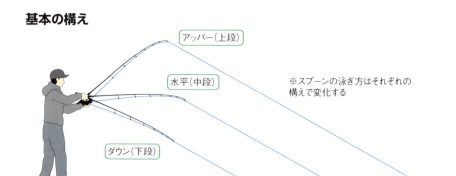

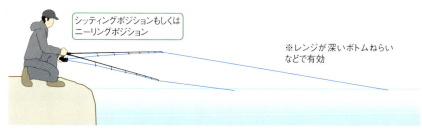

構えの実用例
フローティングクランクの釣り方

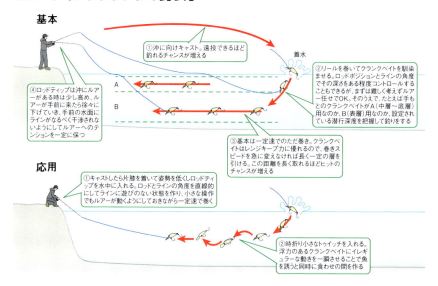

実釣編に入る前に覚えておきたい基本項目

基本の操作

①定速巻き
ねらい定めたレンジを一定速でゆっくりリトリーブ

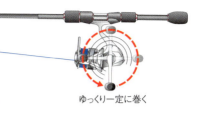

ゆっくり一定に巻く

②デジ巻き
ボトムルアーで出番の多い巻き方

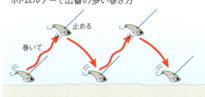
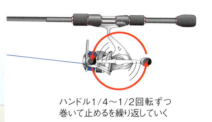

ハンドル1/4〜1/2回転ずつ
巻いて止めるを繰り返していく

③シェイク
アピール度は高いが魚がスレやすい

ティップを動かしてアクションを加える

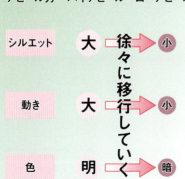

ルアーローテーションの基本

アピール力	ハイアピール		ローアピール
シルエット	大	徐々に移行していく	小
動き	大		小
色	明		暗

カラー分類の目安

高活性な魚　　　　　　　　　低活性な魚
明るい色　　中間色　　暗い色

赤金・ゴールド系／蛍光色・シルバー系／白・グロー／黄色・ピンク／カラシ／オリーブ／茶・黒

第3章
実釣テクニック

第3章 実釣テクニック

　さて、いよいよ皆さんお待ちかねの実釣へ移っていきたいと思います！　初歩的な釣り方How Toは筆者でも書き進めることができますが、応用的なテクニックはトッププロの意見も聞きたいところ。

　実釣編では各ジャンルのトッププロをお招きし、皆さんが憧れるトッププロたちのスキルや考え方を余すところなくお届けします。

　取材を進めるうちに筆者もまた一段レベルアップできればよいな～なんて甘い考えもありつつ、普段聞けないアレコレや本書だからこそ話してくれる裏技まで幅広くご紹介していきます！　ただし……。

正解の上澄みを知っただけ！

　という心構えで読んでいただきたい。これは考え方として絶対に覚えて欲しい大事な要素！　本章で得られる情報はあくまで「情報」です。まだ皆さんのテクニックや考え方に落とし込まれていません。近年はSNSやYouTubeのおかげで誰でも簡単に情報を得ることができる時代になりました。

　ネットには「正解と思われる情報」がたくさん出回り、エンドユーザーはそれを「正解」だと思って話題のルアーを買い、紹介されたテクニックを駆使します。それ自体は悪いことではではありませんが、その「正解」に辿りつくプロセスや、その「正解」が何を意味するかまで深く理解して実践するアングラーが実に少ない。

　一歩間違うと「情報に踊らされただけ」で終わってしまうことになりかねません。情報を「理解」し、それを実践できる「スキル」は釣り場からしか生まれません。なので本書で得た情報はあくまでヒント。これを釣り場で実践し、自分の考え方やスタイルに落とし込んで初めて「生きた情報」となるわけです。

　正解の上澄みだけを掬い取って知ったように振る舞うアングラーは、自身で伸び代を減らしてしまっているなと残念な気持ちになります。気構えとしてぜひ持っていて欲しい一番大事な「上手になる要素」。それを踏まえてプロたちの金言を読み進めてみて下さい！

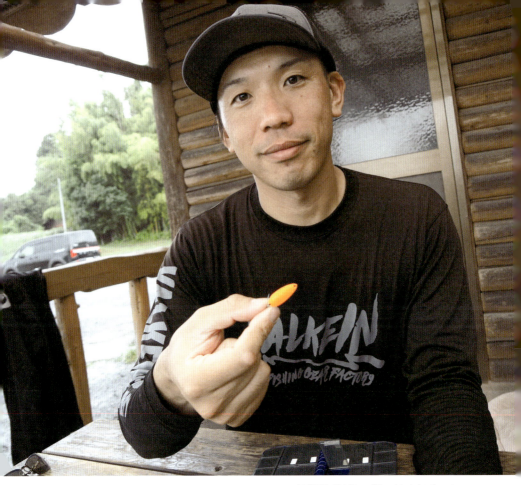

取材場所：栃木県 アングラーズパーク キングフィッシャー

スプーン編 1
プロ「赤羽根 悟」の場合

PROFILE

赤羽根 悟（あかばね・さとし）
1988年生まれ

ヴァルケインプロスタッフ
東レフィールドスタッフ
リヴァイブフィールドスタッフ
ワークスゼロサポートスタッフ

戦績

・トラウトキング選手権　第3回大会マイスター獲得
・トラウトキング選手権　第20回大会マイスター獲得
・ランカートラウトチャンピオン第2戦　国際大会優勝

082　エリアトラウト独習法

第3章 実釣テクニック

スプーン編で最初に
登場するのは赤羽根プロ！

　赤羽根プロは最近でもトラキンマイスターを獲得するなど誰もが認めるトップトーナメンター。特にスプーニングでは猛者揃いのトーナメンターの中でも間違いなくトップクラスの実力者です。高活性な魚をとことん追い掛ける攻撃的スタイルのスプーニングが身上で、ハメた時のとてつもない爆発力は圧巻！

　スプーン編をどなたにするか考えた時、真っ先に候補に挙がったプロとなります。柔和な性格で説明も丁寧なので、メディアプロとしても人気です。

　正に取材をお願いするにはうってつけの人物。さあ張り切って行きましょう！

赤羽根プロが考える
スプーンの位置づけとは？

赤羽根　スプーンは数あるトラウトルアーの中でも最もアピール力の優れるルアーとなります。マヅメ時や当日放流の活性が高い魚をスピーディに釣っていく爆発力があり、当日のパターンを探るうえでもサーチ能力が高いのが一番の特性になります。

　速い展開で高活性な魚を釣っていけるので、スプーンを極めると1日のスコアは格段に上がります。当日の1投目はスプーンをキャストすることも多く、スプーンを極めることが数を伸ばしていくことに直結すると思っています。

　高活性な魚は重めのスプーンで釣っていき、活性の落ち始めた魚は軽量スプーンで追い掛け、低活性な魚はマイクロスプーンで最後の最後まで追い掛けていくローテーションがハマった時は非常に満足度の高い釣りになると思います。

　1日の釣りを左右するほど重要なルアーだからこそ、スタンダードをしっかり押さえつつ応用的なテクニックも取り入れてみてください。

　と話す赤羽根プロ。確かに上手なアングラーほどスプーンの扱いが非常に上手！　活性の残る魚たちを効率よくたくさん釣って、プラグへ移行する見極めも上手だったりします。「スプーン」が持つメリットとデメリット、適正なタックルセッティング、そして釣れる魚の見分け方まで色んなお話を聞いてみましょう！

TACKLE DATA
タックルデータ

赤羽根プロの愛用ロッド

- ダーインスレイブ 61UL-H ブラックヴェスパイン
- ダーインスレイブ 61L-H ブラックヴェスパイン
- ダーインスレイブ 61ML-H ブラックヴェスパイン
- ダーインスレイブ 63ML-H ブラックヴェスパイン

いずれもヴァルケイン

求めるのは掛けていけるロッド

赤羽根プロがスプーンで使う愛用ロッドは自身が監修する「ブラックヴェスパイン」。高感度で張りを残しながらもティップセクションがスッと入り、ベリーからバットは通常のエリアトラウトロッドの中でも硬めのテイストとなっています。

操作性と感度、そしてしっかりとフッキングさせていける絶妙なテイストに仕上がっているため、赤羽根プロらしい「掛けていける」スタイルの「攻めのスプーニング」を実現できます。

ピーキーに思われがちな「ブラックヴェスパイン」ですが、クランクやボトムルアーなどのプラグとの相性もよく、掛けの釣り全般で使える汎用性の高さも魅力です。

赤羽根プロの愛用リール

2000番ノーマルギア + ハンドル長50mmを愛用

赤羽根プロは「再現性」という言葉をよく口にします。感覚を研ぎ澄まして釣りあげた1尾の後に、もう一度再現して連発するためには「感覚の統一化がベスト」と話します。

使い手によって1000番リールやハイギア機種を導入するアングラーもいる中、赤羽根プロは感覚を統一するために2000番ノーマルギアのみを導入しているそう。

筆者が驚いたのはハンドル長が何と50mm統一ということ！ 通常エリアトラウトの基本となるハンドル長は40mmと言われており、デッドスローを基本とするトラウトではかなり長い部類に入ります。

ハンドル長は長いほどリールの初動が軽くなります。逆に言うと安定してデッドスローで巻くことの難易度は上がります。それでも50mmを導入するのは瞬間的な巻きアワセやイトフケの回収がスピーディーかつ自在にできるからだそうです。

巻き方にもフィットする？

赤羽根プロは指でハンドルを回すというかなり特殊なリーリングを行ないます。ハンドルの重みで情報や違和感をキャッチするリーリング方法を採用するアングラーは極稀にいますが、本人的には「真似しないほうがいいです（笑）」とのこと。

ハンドル長に関しては自分の中で「明確な理由」があれば、ロングにするのもショートにするのもアリだと思います。

第3章 実釣テクニック

スプーン編1
タックルの
トータルバランスを考える

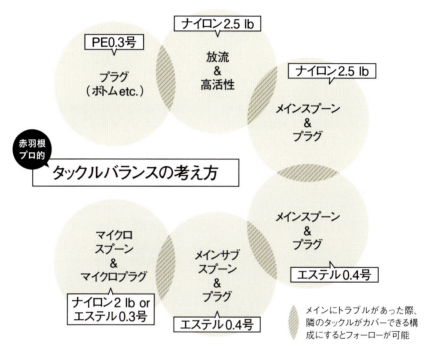

赤羽根プロ的 タックルバランスの考え方

メインにトラブルがあった際、隣のタックルがカバーできる構成にするとフォローが可能

　筆者的にかなり勉強になったのはタックルバランスの考え方。これはサンデーアングラー、トーナメンターに関わらず、意識して損のない考え方だと思います。
　赤羽根プロのタックルバランスの考え方は「特化しつつもリスクヘッジ」。「掛けのスプーン用」「乗せのスプーン用」「高活性スプーン用」など、タックルそれぞれを○○専用としているのは大体の釣り人が実践しているところ。ですが、釣りの最中にラインブレイクやロッドが破損したらそのパターンが再現しにくくなりますよね？
　赤羽根プロは上図のように、それぞれ隣合わせのロッドを似たような性質のシステムにすることで、仮にメインタックルにトラブルがあっても常にサブタックルで代用できる構成になっています。
　特に大会中はロッドの持ち込み制限が6本までのことが多く、試合の中でタックルトラブルによる支障を最小限まで抑える仕組みは秀逸だと思います。
　この考え方は釣り場に持ち込むロッドが3本や4本でも取り入れることができますし、そもそもどういう考え方でタックルを揃えればよいか、イメージが付きにくいアングラーにとってもお手本になるところです。

085

スプーン編1
無駄のない スプーンの揃え方

「スプーンは沼」とはよく言ったもので、釣具店主である筆者は皆さんのスプーン熱を肌で体感しているところ。

トーナメンターでもない一般アングラーでも1000枚以上所有してることも珍しくないくらい皆さんワレットを埋めたがります。しかし、ただいたずらに数を増やせば釣果が伸びるというわけでは決してありません。必要なスプーン・必要なカラーを揃えていくことが釣りを迷わせず、なおかつ財布に優しいことであるのは間違いありません。

そこで赤羽根プロに経済的・実戦的なスプーン・カラーの揃え方をお聞きします！

赤羽根 あくまで釣り場の規模感や魚のサイズにもよりますが、僕は1.6g〜1.8gのスプーンを軸として釣りを組み立てます。当日の状況をサーチする時に、「レンジ」「スピード」「アクション」「カラーの傾向」を探るので、軸とするウェイトに関しては幅広く用意しておいたほうが正解に辿り着く可能性が高まります。

たとえば1.8gのスプーンを各社2色ずつ計10枚用意したとしても、魚がスプーンのアクションに反応しているのか、色に反応しているのか分かりませんよね？

軸となるスプーンは同じシリーズで統一するのは鉄則ですし、ウォブリング、ウォブンロール、ローリングと異なるアクションで幅広く揃えましょう！

軸となるスプーンで探っていけば、「今日はローリングが効くな」とか「シルバー系は効か

第3章 実釣テクニック

軸となるスプーンは同じシリーズで統一し異なるアクションを幅広く揃える。カラーは単色中心に組み合わせたほうが「動きの質」+「何色」に反応しているのか分かりやすい

ないな」などの傾向が掴めていきますので、活性が落ちて来たタイミングでローテーションする目安になってきます。

選択肢が多ければ多いほど慣れてないうちは悩みますので、極論メッキ系、蛍光系、地味系の単色中心で組み立てたほうが「動きの質」+「何色」に対して魚が反応しているのか分かりやすいですし、必然的にワレット内は無駄のない布陣で固められますよ。

この組み立てができるようになってから、「オリーブ系の反応が良いけど、明滅の要素が欲しいな」とか「ゴールドが効くけど単色金だとアピールが強過ぎるから表は蛍光色が欲しいな」と言うように明確に欲しいカラーが生まれてくると思い

ます。

ウェイトに関しても同じことで、2.0g～3.0gに高活性放流用ならば敢えて地味系までいきなり揃えず、オレ金や赤金・シルバー系などの高活性に適したカラーだけをまず揃えることから始めるのでよいと思います。

こう赤羽根プロが話すように、まずはスプーンの特性を理解した上で買い増していくことが実は最短距離かもしれませんね！

ルアーパワーやカラーパワーだけで釣ろうとしても単発の釣果で終わりやすい。「釣れた」を「釣った」に変えるところがスプーン道の一歩目かもしれません！

087

赤羽根的カラー理論

　アングラーごとにカラー哲学は持っているもの。誰もが独自の理論を元にアジャストを試みています。
　トッププロはどういう思考でカラーの組み立てをしているのか。マイスターまで獲得した赤羽根プロのカラー理論に迫ります。

・ゴールド系やハイトーン系が効果的な場合はブラウン系で納まる
・シルバー系やメタリック系が効果的な場合はオリーブ系で納まる

　あくまで水質やプレッシャーにもよりますが、効果的なカラーのメタリック系がゴールドなのかシルバーなのかでエンドカラーが決まってくるとのこと。
　エンドカラーは文字どおりローテーションの終わりとなるカラーになりますので、そこを目指して色調を落としていくのがカラーローテーションの基本となります。
　右写真のように、ある程度の活性別ローテを自分の中に決めておき、そこからは当日サーチした情報をもとに魚に好まれるカラーを差し込んでいくイメージがよいようです。
　慣れてくれば「この釣り場は高活性の時はこのカラー」「低活性は特にこの色が効く」と言った傾向が見えてきますので、そうなればさらに精度が増してきますね！

　どうせなら赤羽根プロが大会でも使う超一軍カラーが知りたいですよね!? トーナメンターにとっては隠したがるシークレットカラーを聞き出しました！（右ページ参照）

　比較的入手のしやすいカラーなだけにすぐにでも実戦投入してみたいカラーたち！　筆者の中でも超一軍カラーですが、プロと考えがかぶると妙に嬉しくなります(笑)。
　さらに気になるのは、赤羽根プロはショップオリカラを使っているのかというところ。各ショップが自信を持って発売するショップオリカラで赤羽根プロが本気で使っているものも右に紹介！
　ショップオリカラは不定期販売なうえに即完売のモノも非常に多いので、各ショップさんのブログやSNSは常に注意が必要です！　オリカラに関しては後述のコラムで詳しく書いてみますね。

赤羽根プロのシークレットカラー

放流＝「リミテッドオレンジゴールド」
膨張×ゴールドフラッシングの超強力アピールカラー。ヴァルケインパワーショップ限定で発売されている

高活性＝「AJM1」
ヴァルケインスタッフ安島プロ監修のシグネイチャーカラー。表面ゴールドUV＋裏オリーブの明滅系カラー。放流魚と残存両にらみでねらえるのが強み

サーチ・サード＝「シューティングスター」
ゴールド系が嫌われるタイミングやクリア水質時のアピールカラー。放流が終わった三手目以降から長く活性の残る魚を追えるカラー

マイクロスプーン＝「LT7」
ヴァルケインリミテッドカラーの人気色。表チャート＋裏ブラックの明滅系。メッキ系のフラッシングを嫌いつつも活性の残った魚にストロング

赤羽根プロの使うショップオリジナルカラー

プロショップケイズ＝「UVフラッシュ」
シルバー系UVカラーの先駆者。リアクション要素が高く、放流セカンドから使える

アカサカ釣具＝「グレムリン」
UV系シルバーでありながら表シルバーに水馴染みのよいオリーブエッジ＋裏ブラックのシルバー系中間ポジション

プロショップオオツカ＝「菊汁一番」
ヴァルケイン菊地代表監修のシルバー系カラー。赤羽根プロはグレムリンよりも強めのシルバーが効く展開で投入するとか

越谷タックルアイランド＝「ブルー871」
クリアステイン水質のサード展開で活躍するブルーメタリック系カラー。強過ぎない明滅とフラッシングが出せる絶妙のバランス

アングラーズショップmaniac's＝「shirako」
クリアステイン水質の表層マイクロスプーンパターンで効果的な膨張系明滅カラー。ワンポイントだけ露出したシルバーがアクセント

スプーン編1

サーチで決まるスプーニング

一言でサーチと言っても、釣れた釣れないだけの情報では次に続きません。
「口を使う魚のレンジ」「効果的なカラー」「スピード」さまざまな情報を得ることによって初めてスプーンのローテ、そしてプラグのローテへ繋がってきます。
より確度の高い情報収集を成功したアングラーがトップスコアを刻めると言っても過言じゃないのです。

放流したての魚か残存した魚かでも攻略の手順は異なる

赤羽根的サーチは輪切りで丁寧に

下図左のようにボトムから巻き上げて大体のレンジ感をサーチするアングラーが多い中、赤羽根プロは右図のようにレンジを輪切りのように丁寧にサーチするとのこと。
「サーチの時間が掛かる一方、正確にアタリレンジを探れる」がゆえにその後のローテで重点的に釣っていけるメリットを優先しているそうです。
レンジを刻む際は1秒/1カウントのテンションフォールでレンジを刻み、まずは着底までのカウントをしっかり把握したうえでサーチを始めるのがセオリーです。
その際に注意したいのはルアーが着水後にしっかりとラインメンディングをすること。直線にしておかないとレンジがズレやすいので注意したいですね。
毎投同じような決まった所作でできるよう身体に動きを沁みつけて下さい！

赤羽根さんのスプーンサーチ

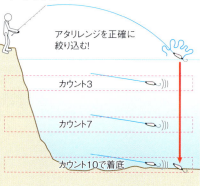

090　エリアトラウト独習法

第3章 実釣テクニック

スプーン編1
高活性魚を探すセオリー

　サーチと連動するアクションについて。基本的に赤羽根プロはスプーンが元来持つスイムアクションを利用してバイトを導き出すスタイルです。
　ハイバースト2.4gやアストラル2.4g、ブラックブラスト1.8gなどの強めのウォブリング系スプーンが高活性魚を探す際に答え合わせがしやすいのですが、ただ巻きにプラスして魚を呼び込むことが効果的なロッドアクションを紹介して貰いました。
　下図にあるとおり、スプーンにおいてのロッドアクションはおおまかに3パターン。

スプーン使いに効果的なロッドアクション

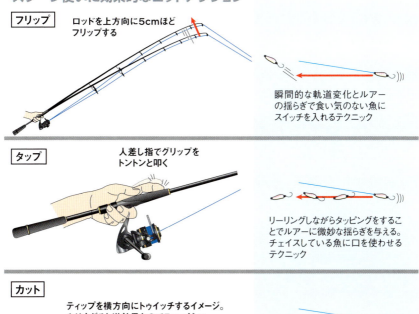

フリップ
ロッドを上方向に5cmほどフリップする

瞬間的な軌道変化とルアーの揺らぎで食い気のない魚にスイッチを入れるテクニック

タップ
人差し指でグリップをトントンと叩く

リーリングしながらタッピングをすることでルアーに微妙な揺らぎを与える。チェイスしている魚に口を使わせるテクニック

カット
ティップを横方向にトゥイッチするイメージ。やりすぎると逆効果なので5cmくらい

不意のアクション破綻とフラッシングでルアーの存在を気付かせて集魚するテクニック

- **フリップ**＝ロッドを上方向に一度トンッと持ち上げるフリップ。リトリーブ時にチェイスはするが食い気の乏しい魚にスイッチを入れるアクション

- **タップ**＝グリップを握る人差し指でグリップをトントンと叩くことでスプーンに揺らぎを与える食わせのテクニック

- **カット**＝ロッドを横方向に一発トゥイッチを入れることによってスプーンの動きを一瞬破綻させ、フラッシングと波動でスプーンの存在を気付かせる呼び込みテクニック

　この「カット」により広範囲に散っている高活性魚にルアーを気付かせ一瞬でスイッチを入れさせるテクニックは取材当日も効果がテキ面だったスキルです。ただこういったロッド操作は時として魚から嫌われる逆効果になることもあるので注意が必要です。活性は高いはずなのに、ただ巻きでは食ってこない時に試してみたいテクニックです。

ロッドアクションは時として魚に嫌われ逆効果にもなります。安定したリトリーブで食わせられない魚にアピールするための一手です

第3章 実釣テクニック

管理釣り場にもよりますが背中が茶色い、もしくは濃く見えるのは残存魚の可能性が高いです

背中が青緑っぽく見えるのは当日放流魚の可能性が高いです

> スプーン編1
放流魚と地の魚は背中で見分ける

　高活性魚が連チャンしているタイミングはアングラーにとっては一日で一番興奮度の高い瞬間です。そんな中、ちょっと冷静になると見えてくるものがあります。「いま釣っているのは放流魚ですか？ 高活性な残存魚ですか？」

　当日放流された魚を釣っていると思ったら前日放流魚の活性が少し上がっただけということもあるからです。もちろん一番数を稼げる当日放流魚をねらったほうがパターンとしてはストロングです。

　赤羽根プロはまず釣り場で地の魚の背中の色を把握するそうで、放流魚との背中の色の違いがあれば目視で釣り分けていく展開も多々あるとか。

赤羽根　釣り場が仕入れる養殖業者さんにもよりますが、例えば背中が青緑っぽい放流魚と、背中が茶色っぽい残存の地の魚の区別が付いていたら、しっかりと目視でねらっていくことも可能です。

　やっぱりトッププロの視点は勉強になります。

魚の背中の色に着目してみるとスプーンチョイスのヒントにもなる

> スプーン編1

スコアを重ねるのは再現性

　同じルアーで同じようにルアーを引いていたら魚が連発！　となればその時の正解を引き出したということでしょう。「再現性」というワードを赤羽根プロは何度も口にします。釣れた魚が「何で釣れたのか」「どの要因が効果的だったのか」正確に把握できていれば、後はその魚の嗜好に寄り添っていくことで同じシチュエーションを再現できます。

　赤羽根プロを取材していて、筆者が唸ったのは「所作の再現性」のほうでしょうか。これは意識していないとなかなかできないことです。

　赤羽根プロはキャストから着水、リトリーブしてフッキング、そしてランディングに至るまで統一された所作を徹底しているのです。リトリーブのロッド角度は上段、中段、下段とバリエーションがあるものの、乱れることなく同じ所作を繰り返しています。ベースとなる所作が確立したうえでバイトに持ち込めない時にロッドアクションや角度などの誘いのテイストを追加している印象です。「所作の再現性」を高次元で行なえるからこそ、ねらった魚をドンピシャで誘い続けることができるといってよいでしょう。

　そして赤羽根プロにはフッキングの所作すらも再現性があると感じます。

赤羽根　ルアーをこう引けば魚がこうバイトしてくると予測して、アワセの角度まで計算に入れ、しっかりとフッキングしやすいような**姿勢**でリトリーブします。

　明確なよいバイトがあって不覚にもアワセ損なったことはありませんか？　それは実は「不覚」ではなく、その準備ができていなかっただけかもしれません。赤羽根プロの所作は経験と知識が導き出したもので、どの動きにも明確な理由があるのです。

　そこまで考えて釣りをしていなかったなあと思わず筆者が唸った瞬間でした。裏技的なテクニックではなく、ある意味一番実践しなければいけない気付きですね！

釣果を再現させるには同じ所作ができてこそです

リトリーブの最中から常に合わせられる姿勢を保つこと

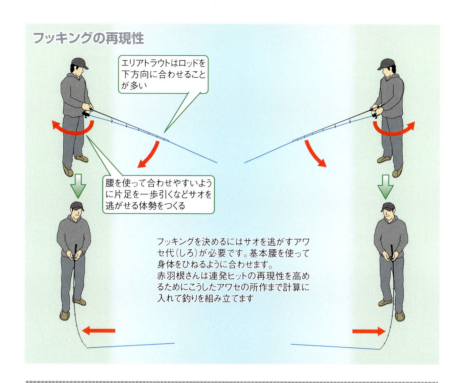

フッキングの再現性

エリアトラウトはロッドを下方向に合わせることが多い

腰を使って合わせやすいように片足を一歩引くなどサオを逃がせる体勢をつくる

フッキングを決めるにはサオを逃がすアワセ代（しろ）が必要です。基本腰を使って身体をひねるように合わせます。赤羽根さんは連発ヒットの再現性を高めるためにこうしたアワセの所作まで計算に入れて釣りを組み立てます

【まとめ】

赤羽根プロには今回基本的なスプーニング知識のお話を重点的にして頂きました。「基本」ができているから「応用」ができるわけであって、「応用」ばかりに目が行ってしまうと「正解の上澄みだけ舐める」ことになります。まずはこの基本的なスプーニングをしっかり身に付けなければと筆者も再認識したしだい！

知れば知るほど奥が深いスプーニングの沼。応用編は誰もが知りたいあのトッププロのマル秘テクニックが炸裂です！

赤羽根プロの所作はどの動きにも明確な理由がある

取材場所：栃木県 みどりフィッシングエリア

スプーン編2
プロ「狩野 祐太」の場合

PROFILE
狩野 祐太（かのう・ゆうた）
通称：キャンタ
1987年生まれ

ディープパラドックス代表
バリバスフィールドスタッフ
レビテーションエンジニアリング プロスタッフ

戦績
・トラウトキング選手権　第13回大会マイスター獲得
・トラウトキング選手権　第19回大会マイスター獲得

第3章 実釣テクニック

スプーン編2
キャンタ氏のスプーン講座

　赤羽根プロに引き続き登場するスプーンの講師は誰もが認めるトップアングラーである「キャンタ」こと狩野祐太さん。究極の初級編をレクチャーいただいた赤羽根プロに対し、キャンタプロに求めるのは超レベルアップ編となります！

　スプーニングの極意を現代の魚の食性を交えて徹底的に掘り下げます。数々のトーナメントで結果を残し続け、実績に裏打ちされたスプーン開発でも脚光を浴びるキャンタ氏はプラグ展開にも滅法強い。一際リスペクトを集めるのは緻密なスプーニングのノウハウでしょう。

　時代とともに刻一刻と変わる「釣れるスプーン理論」。魚の食性が変わるのか、それとも釣り人の嗜好が変わるのか。スプーンに求められるスペックが、またひとつ転換期を迎えています。

　筆者はキャンタ氏の取材では主に高等テクニック編のような内容を書こうと思っていました。戦術的なノウハウや状況に応じてのカラーチョイス、そしてフックセッティング。誰もが知りたい「正解への近道」のような内容をイメージしていました。ですがキャンタ氏の頭の中に触れて、お伝えしたい内容がガラッと変わった本編。文字数多めでもしっかりお読み下さい！

　あくまで基本を習得した上級者向けのコンテンツとなりますので、セオリーから外れた内容も多いです。基本ができていないと釣り自体が崩れる恐れもありますので、情報の取捨選択の判断を誤らないようにお願いしますね。

新たなるスプーンアクションを産み出したディープパラドックス「グラビティ」

歴史を変えた「強波動スライド」という概念

狩野　意図せず時代のド真ん中のスプーンを作ってしまいました。

　そう話すキャンタ氏が代表を務めるディープパラドックス社から発売された「グラビティ」。独立後に第一弾として発売されたスプーンは王道から外れたコンセプトとして開発された側面があります。

　ローリング、ウォブリング、そしてウォブンロールという3大アクションは解説しましたが「グラビティ」はそのどれにも当てはまらない異端児です。なぜそんなスプーンを生み出す必要があったのか？

狩野　道具の進化、そしてアングラーの著しい成長によって、はっきり言って管理釣り場は釣れにくくなりました。長くエリアトラウトフィッシングを楽しむアングラーほど近年のシビアな状況に首をかしげることも多いでしょう。

　例えばフレッシュな当日放流魚の釣

方ひとつを取っても、強波動のオレ金を投げてイージーに釣れる魚はかなり少なくなっています。誰もが高い精度で同じことができるレベルになってしまったら、さすがに魚もスレるに決まっています。

　当日放流魚が段々と水に慣れて活性が上がる前の状況、スプーンで釣れ始める前の段階にミノーやボトムで刈り取ってしまう。現代のアングラーはそんなレベルまで到達しているんです。

　つまりはアングラーの成長によりトラウトの学習能力が格段に上がっているのです。以前より比較にならないほどの人的プレッシャーの渦中にあり「昔はこれで釣れていたのに」という経験は筆者のレベルでも数多く感じるほどです。

狩野　きれいに最後まで引き切れるスプーンを学習してしまったトラウトを相手にするには、グラビティのような強波動スライド系がローテーションに欲しいと思っていました。王道じゃないスプーンなので、売れなくてもよいと思っていたところ今の時代のド真ん中になってしまったことに僕自身が驚いてます(笑)

　飛び道具だと思って開発していたモノがド真ん中になる現状。まさに時代が移ろう分岐点です。

明滅効果が強いスライドアクションは知能の高いトラウトを反応させる

追尾した魚の目線からスプーンが消える

　筆者は発売早々からグラビティを揃えていました。さまざまな釣り場で好釣果は得ているものの、今回はせっかくの機会なのでさらに理解を深めたい。ずばりこのルアーのキモはどこにあるのか？

狩野　追尾した魚の目線から消える。それがキーとなります。

　グラビティのアクションはロールが強めのウォブンロール。ロッドをダウンポジションで引けばスライド幅は狭くなり、中段から上のイトフケを出す巻き方をすればスライド幅が増えていきます。また巻き速度は速ければスライドが少なく、遅ければスライドが多く入る。一投の間にアングラーがいろいろと仕掛けていけるマニュアル的な部分もしっかりと残るスペックです。

　ウォブンロールでロールが強めのスプーンは波動がありながらも明滅効果が強いアクションになります。魚を広範囲から寄せて追尾させた後にシルエットが大きくなったり、小さくなったりしながらス

グラビティはリアクションバイトを誘発させ、サーチスプーンであり食わせのスプーンにもなる

第3章 実釣テクニック

「深いバイトを得たい」という探究心によって、スプーンの数が増えていく

グラビティのスライドアクション

規則正しい動きで引き続けても追うだけで食いきらない

突然左右にスライドすることで魚の目線からルアーが逃げる

想定外の動きについリアクションバイトする

ライドして左右に逃げていく。こうして文字にしているだけでリアクションバイトを誘発しそうな気配がムンムンします。「食おうかな？ 止めようかな？」と魚が迷っているうちにスライドがスッと入ることによって瞬間的に口を使ってしまう。一昔前はこのリアクションバイトをねらってアングラーがロッド操作で誘い、スプーンのリングサイズを小さくするなどの工夫をしてきました。グラビティはそれが自然とできてしまうスプーンです。このセンスには脱帽しかありません。低速域でも高速域でも使えてスライドの大小も引き方で調節できるグラビティは「究極のサーチスプーンであり、食わせのスプーン」と言えるでしょう。ここまで書くとヨイショしまくりの提灯記事のようですが、現在のトラウトシーンに完璧にアジャストしている事実は否めません。

「優等生スプーン」は
釣れなくなったのか？

「きれいにアクションする」と言う表現がスプーンに使われることがありますが、それはイレギュラーが入らず、一定数の振り幅でアクションしてくれることを指します。これはスプーンに求められる基本性能であり、奥義でもあります。

　魚が好むアクション、シルエット、レンジ、カラーがしっかりと当てはまった結果として、トラウトから深いバイトを得られる。その有無を導き出す「答え合わせ」こそがエリアトラウトフィッシングの面白さです。魚は目の前にいます。だから正解か否かの答えははっきりしている。周囲のアングラーのレベルが一気に上がってきたがゆえに魚がスレてセオリーが通用しなくなった。それがキャンタ氏の解釈です。アクション、シルエット、レンジ、カラーがアジャストできても深いバイトが出にくい現状は、他の食わせ要素が必要になるという裏返しです。

近年、ラトル入りのプラグが脚光を浴びています。波動やカラーだけで深いバイトが得られない中で「音」は魚を騙す最後の要素だとキャンタ氏は言います。同じくらいの騙し要素が、スプーンで言うところの「スライド」になるのでしょう。こういう書き方をすると「とにかくスライドさえ入ればよいのか？」と勘違いをされそうですが、スライドの入る量、幅、間隔という概念がこれからどんどん注目されるでしょう。

お手持ちのスプーンの中にも「優等生スプーン」を「微弱スライド」にチューニングすることも可能です。

例えば近年のトーナメントシーンで抜群の使用率を誇る名作「ノア」1.5g。フックをヤリエ「MKフックシャープ」#7や「AGフック」#7にするだけで瞬間的なスライドを取り入れることが可能です。

グラビティのように分かりやすいスライドではなく、刹那的なスライドでバイトを誘発するスプーンこそが「次世代の優等生スプーン」となってくるでしょう。

スライド系スプーンの落とし穴

どんなモノにも長所と欠点があります。では、スライド系スプーンの欠点とは？

狩野 スライド系スプーンを投げた後は……釣り座が枯れます！

え？ と思いつつも筆者には思い当たることがいくつかあります。ドリフトスピンである程度釣り切った後に他のルアーへ繋ぐのがとても難しいと感じていた点です。魚がいなくなったか？ と思うくらいバイトが減った経験を何度かしています。

狩野 正攻法の直進的なリトリーブではバイトしないスレっからしを、イレギュラーなアクションで無理矢理スイッチを入れていくのがスライドの釣りです。いうなれば口を使う最後の中活性〜低活性の魚をスライドで釣ってしまったら、口を使う魚は釣り座に残っていないですよね。

なるほど。確かに奥の手ともいえるスライドの釣りを出してしまったら「同レンジには口を使わない魚しか残っていない」と言う意見は腑に落ちます。大きくレンジを変えるなり変化を出さないと完全に仕上がって（スレ切って）しまった釣り座で釣果を伸ばすのは難しい。大会中であれば決まった競技時間の中で釣り座のローテーションがありますが、日券で釣りをする皆さんはどうでしょうか？
「欠点」の部分を考えずに好きなルアーばかり投げていると釣り座を枯らしていることに繋がっている可能性があります。

移動ができない環境こそ「釣り座のマネージメント」は非常に重要になってきます。

エリアトラウトは時に釣り座を決めたら動けないことが多い。釣果を持続させるためのマネージメントが極めて重要な釣りである

第3章 実釣テクニック

スプーン編2
旧型優等生スプーンから アップデートを

「スプーンを買い替えましょう」と言うことではなく、考え方をアップデートしようというお話です。繰り返しになりますが「いわゆる通常の巻きでは本バイトが出にくくなってきた」と言う点は理解できたかと思います。

スライドなどのイレギュラーなアクションは、分かりやすく言えば「アクションの破綻(はたん)」です。お手持ちのスプーンのリングサイズを下げて軽量のフックを取り付ければ似たようなアクションを出すことが可能です。ただ、こうしたチューニングはスプーンそのもののアクションを崩すことになりますので自己責任でお願いします。

筆者がお伝えしたいのは「攻略方法のアップデート」のほうです。とにかく魚を騙しにくくなった現状で攻略方法も今までどおりとはいきません。
「ルアーを一定速度でレンジキープする」

これはエリアトラウトフィッシングにおいての格言だと思います。筆者もビギナーさんに教える際は、まずここからスタートします。釣りを覚えるうえでも欠かせないテクニック、必須科目になります。

そのテクニックを覚えたうえで昨今の状況を見てみると「一定レンジを一定速度で引いたから見切られてしまった」という現象が生じているのも事実です。
「レンジを切る」もしくは「レンジカット」と言った単語を耳にしたことはありますか?

一定レンジをトレースするのではなく、魚がいるレンジからトレースコースをズラしてバイトを誘発するテクニックです。長い距離を追尾しない魚に対して特に有効なメソッドですが、主に上方向にルアーを逃がしてバイトを誘発するテクニックが非常に有効な場合があります。

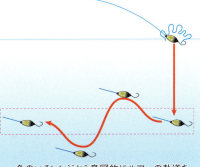

オーソドックスなリトリーブ
ねらったレンジを外すことなくトレースする

レンジカットリトリーブ
魚のいるレンジから意図的にルアーの軌道をズラすことでバイトを誘発する応用テクニック

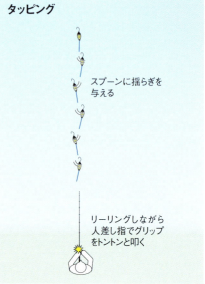

軌道変化

　これは一定レンジをトレースしながら、ロッド角度によってルアーの進行方向や姿勢変化を持たせるテクニックです。

　ただ巻きだけで食ってこない魚に対して軌道変化のアクションはバイトへの呼び水となります。

タッピング

　リトリーブ中に指先でグリップやブランクスをトントンと叩くようにするとスプーンが揺らぐような変化をもたらすことが可能です。こういったちょっとした些細な揺らぎでも充分にバイトを誘発できます。

　これらのように、アクション自体にイレギュラーが入るスプーンを使わなくてもバイトは誘発できるのです。今までの正攻法では深いバイトが得られなかったとしても、アクションやカラーは実は正解だったのかもしれません。

　あと一歩足りなかったのが「変化」という要素だったのかもしれない。その意識があるかないかで釣りが変わってくる気がしますよね？　それこそ「アップデートの第一歩」となります。

リトリーブ中に指先でグリップやブランクスを叩いて些細な揺らぎを演出するタッピング

第3章 実釣テクニック

スプーン編2
加速度的にシビアになるカラーチョイス

色の力の重要性は説明不要ですね。皆さんも日々実感しているところでしょう。キャンタ氏は「どの状態の魚をどの配色で騙して食わせるか」を突き詰めるカラーマジシャンでもあります。

狩野 近年は地味系カラーを見切る魚が多くなってきました。単色で釣果を出していくのが難しい時代になっています。全く釣れなくなったわけではありませんが、地味系ほど「ニセモノだ！」と魚にバレやすくなったのは間違いありません。最近のトラウトは目がよすぎるんですよ！

スプーンのカラーローテーションは、当日の魚が何色を好むかを見極めるために単色中心にサーチして正解を絞り込むのが基本です。メッキ系や蛍光系の色で高活性な魚を釣って、暖色系の食わせカラーで締めるのがセオリーといわれてきました。

またペレットを与えている釣り場では「ペレットカラー」がよく釣れるのは通説です。しかしエサに似せれば似せるほど魚たちにニセモノと看破される。単色のブラウンといえば「食わせのカラー」として鉄板でしたが、今ではブラウンにプラスして「飛ばし要素」や「明滅要素」を追加しないと「騙し切れない」とキャンタ氏

キャンタ氏の主力カラーラインナップ。単色系が効きにくいと話し「ゴールド系」に信頼を置く

は語るのです。

狩野 一番魚を騙せるのはゴールド系かもしれないですね。

確かにディープパラドックス社のカラーラインナップには多彩なゴールド系が採用されていて、高活性用ゴールド、中活性から低活性まで繋げるゴールドなどが細分化されています。さらにキャンタ氏は言います。

狩野 見切られる前に口を使わせられるカラーこそが、カラーパワーです！

カラーに対する考え方もアップロードが必要と感じさせられるお言葉です。

スプーン編2
エステル＋ナイロンリーダーの可能性

　エステルラインの台頭とともに釣れる魚が増えてきたのは間違いありません。飛距離、感度、操作性のすべてにおいて「できること」が大幅に増えたからです。キャンタ氏はメインとなる6タックルがすべてエステルラインになることも多く、ナイロンやPEは特化した状況でしか使いません。例えば厳寒期の皮一枚でしかバイトせずバラしやすい魚を確実に取るためのナイロン通しや超遠投で沖のサオ抜けをねらうトップウォーター展開のPEセッティングなどがそうです。

狩野　基本的なスプーニングやプラッギングはエステルラインによって行なうことが多いです。がっつり食って反転してくれる放流魚が減ってきている中で、ナイロンの通しの必要性がだいぶ減っていると感

エステル＋フロロリーダーでフッキングしない魚でもナイロンリーダーであればフッキングしやすい

じます。ナイロンを使いたい状況であれば、エステルのリーダーをフロロカーボンではなくナイロンにすればいいんです。

　ナイロンラインの伸びと水馴染みを利用し深い反転バイトを誘発したい場面でも、エステルラインをメインにナイロンリーダーを1.5mほど取るだけで同じようなねらいが可能になります。ナイロンリーダーで「適度なクッション性を持たせつつ、エステルの操作性と感度は損なわない」というセッティングです。

狩野　あくまで大会中の話になりますが「6タックルまで」という制限がある中で「エステル＋ナイロンリーダー」で探って深いバイトがあると感じたとします。それからナイロン通しのタックルに変更しても遅くはありません。活性が残っているうちに状況は正確に判断したい。ナイロン通しではセカンドへ切り替えるヒントが少ない。それくらいエステルの感度はア

メインラインはエステルだ。エリアの世界を変えたというくらい飛距離、感度、操作性のすべてが優れており情報量も多い

第3章 実釣テクニック

ングラーにたくさんの情報をもたらしてくれるのです。

　一にも二にもしっかりと状況を見極めるための感度は必要です。エステルライン+ナイロンリーダーはクッション性とバレにくさを兼ね備えたセッティングです。放流魚だけでなく食い上げるようなマイクロスプーンの展開やクランクでも絶大な威力を発揮する注目のラインシステムです。

魚の嗜好性の変化にいち早く気付けるアングラーがよく釣れる。現時点でキャンタ氏がそのひとりであることは間違いない

【まとめ】

　アンチセオリーみたいな攻略法になりましたが現時点の傾向としてキャンタ氏のお話がド真ん中なのは間違いありません。ですが一昔前はそのキャンタ氏自体が「きれいに巻き切る」アングラーでした。「それだけでは食わせられない」と感じて生まれたのが現時点のスタイルであり、そうなった理由は「きれいに巻き切る」アングラーが急速に増えてきたからにほかありません。

　現代のスライドが効くシビアな状況はアングラーの成長から来る人的プレッシャーに起因します。筆者のように釣り業界に従事する身からすれば、釣り人の技術向上は素直にうれしいところでもあります。おそらく数年かけて釣り人たちはスライドの有効性やイレギュラーの出しどころを完全に学んでいくことでしょう。

　するとどうなるか？　おそらく魚はスライドするルアー自体にスレ始め、口を使いにくい時代が到来する。そこから先は逆に「きれいに巻き切る」正統派な優等生スプーンが再び台頭してくるのでしょうか？　それともまた新しいメソッドが開発されていくのかもしれません。

　間違いなく言えるのは「一早くアジャストした側になれば人よりも多く釣れる」こと。「魚の嗜好すらも変わって来た」と感じられる。そんな感度が求められるというキャンタ氏のお話でした！

取材場所：長野県 平谷湖フィッシングスポット

> クランク編

プロ「千藤 卓」の場合

PROFILE
千藤 卓（せんどう・たかし）
通称：ニンジャ
1974年生まれ

多彩なルアーフィッシングに精通する千藤さんはマルチアングラーと呼ぶにふさわしく、エリアトラウトも抜群に分かりやすい解説をしてくれる

第3章 実釣テクニック

クランク編
ニンジャが断言「ビギナーはクランクから覚えよう！」

　誰でも釣果が得られやすく奥がとても深いクランクの世界。上手く使えるようになれば釣果がどんどん増してくるエリアトラウトフィッシングの中核を成すジャンルです。基本をしっかりとマスターするだけでも釣果は180度変わります。ここでは分かりやすい解説でお馴染みの千藤卓さんが道先案内人です！

　雑誌や映像に引っ張りだこの人気者、千藤さんは「ニンジャ」の愛称で親しまれています。エリアトラウトだけに精通しているのはもちろん、バスのトッププロでありソルトフィッシングの見識も広いまさにマルチアングラーです。釣りビジョンの「ぶらりバスの旅」でナビゲーターを務め、視聴率は常に上位の番組を持っています。

　そんな千藤さんはビギナー層に分かりやすいレクチャーの仕方に定評があります。クランク使いの入門編を担当するアングラーとしてピッタリ！　上級者でも再確認したほうがよい「気付き」を与えてくれることでしょう。

　千藤さんはクランクこそエリアトラウトフィッシングを覚えるうえで一番キーとなってくると語ります。

千藤　いきなりスプーンのように沈んでしまうルアーを一定速度でレンジキープするなんて、できるわけがありません。クランクであればルアーの潜行深度が決まっているので誰でも一定レンジを探れます！

クランクのアクションの基本はウォブリング。波動が強くアピール度は高い。エリアでは表層から底層まで各レンジをきっちり探れるセッティングが施されておりレンジキープ能力に優れる

「への字系」もしくは「ニョロ系」と呼ばれる食わせ系クランクは低活性な状況に強い。各種クランクの特性を理解して使えば釣果は飛躍的に伸ばせるようになる

「一定レンジを一定速度で」

　これぞエリアトラウトフィッシングの釣果アップの原則です。千藤さんが言うようにスプーンのレンジキープはできているようで、案外ねらいのレンジからブレています。クランクであればルアーごとにレンジが決まっています。感覚やイメージではなく、ルアーなりのレンジサーチが可能です。しかも高活性～低活性まですべてのコンディションの魚をカバーしてくれるジャンルです。というわけでレンジキープを覚えるならクランクが最適といえます。

　状況を上手に判断できないアングラーは、まずクランクで数を釣って覚えていくことが重要ですね！

ロッドの調子は「乗せ」系の軟らかめが基本。クランクに特化したさまざまなタックル類に興味津々の筆者

クランク編
クランク向きのタックルとは？

千藤　一般的にクランクに適したロッドは「軟らかめが基本」と言われています。スプーンと違って向こうアワセなフッキングが多いのと、リップが大きいため掛けた後のバラしやすさを軽減するクッション性の高いロッドがベストです。

一昔前はグラスロッドでとにかく乗せにこだわるスタイルもありましたが、現在のエリアシーンではエステルラインを用いてロッドアクションで食わせていく場面もあります。6ft前後にL〜Mクラスのパワー、そしてちょっとレギュラー気味に曲がるタイプのロッドが使いやすいと思います。

千藤さんの基本チョイスに付け加えると、イメージとしてはバイトした魚の口の中に長くフックが留まってくれる弾かれにくいロッドがクランクに適したロッドだといえるでしょう。分かりにくければ詳しいショップさんで「クランクロッドください！」と言えばいくつか紹介してくれるはずです（笑）。続いてラインとリールについて聞きました。

千藤　ラインの使い分けはとことん「乗せ」にこだわるならナイロン。操作性や感度も欲しいならエステルがベストです。あくまで状況によりけりといえるでしょ

第3章 実釣テクニック

う。飛距離を優先したいシチュエーションではPEラインの選択肢もありますし、深いレンジをねらうためにフロロの出番もあります。クランクでは全種類のラインが正解にもハズレにもなるのです。

リールはデッドスローが基本のため、ノーマルギア一択で考えておいて問題ありません。

クランク編
キャストする前に覚えておきたい巻き速度

　よく「デッドスロー」とか「とにかくゆっくり巻く」とか耳にすると思いますが、実際はどれくらいの速度なのか分かりにくいですよね？　千藤さんの基準はこうです。

千藤　まずは足もとでそのルアーにとってベストの速度を覚えてからキャストして欲しいです。その目安としてはリトリーブした時に「浮かず潜らず」の一番遅い速度感となります。

　ルアーによって得意な速度域は違います。慣れる前は必ず足もとで速度とアクションのチェックをしてからキャスト！その巻き感を実践するだけでも釣果は確実に伸びるはずです。

千藤　「一定速度のリトリーブ」というのは、同じ速度でハンドルを回していたからと言って必ずしも一定速度になるとは限りません。風や流れ、ラインの向きなどによって速度にムラができてしまうことが多々あります。その速度ムラでルアーを見切られてしまうこともあります。これは

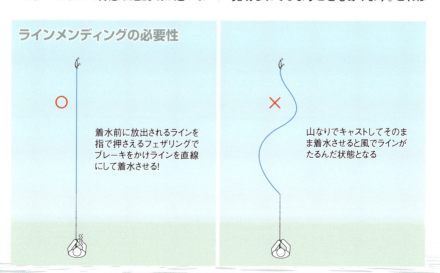

ラインメンディングの必要性

○　着水前に放出されるラインを指で押さえるフェザリングでブレーキをかけラインを直線にして着水させる！

×　山なりでキャストしてそのまま着水させると風でラインがたるんだ状態となる

意識しないとできないことです。速度ムラを起こさないための第一歩がラインのメンディングです。

メンディングとは簡単にいえばルアーがしっかり動く状態にラインを整えること。前ページの図のようにラインが弛んだ状態でリトリーブをすると速度ムラが生じ、肝心のバイトが手もとに伝わらない恐れがあります。

キャスト時は着水前にブレーキを掛けます。リールから放出されていくラインに指を当てるフェザリングという行為です。こうしてラインが直線状態になるようにしてからリトリーブできるように毎キャスト意識してください。

イトフケのできた状態で探るとレンジもボケてしまいます。エリアトラウトフィッシングで一番重要な「再現性」が見出せない要因になります。そしてこれができないと応用編も理解できなくなりますから、初歩にして奥義である「ラインメンディング」と「一定リトリーブ」をしっかり覚えて下さい。

キャストとラインメンディングはセットの動作。それから一定のリトリーブに移ります

クランク編
クランク使いのサーチの基本

各クランクのレンジを把握

ルアーなりのレンジを探れるのがF（フローティング）の特徴です。
S（シンキング）はカウントダウンすることで全層をトレースできます

SR-F
MR-F
DR-F
S

110　エリアトラウト独習法

第3章　実釣テクニック

千藤　まずフローティング(F)のクランクをチョイスするのがベストです。レンジキープしやすいFのクランクで、それぞれのレンジをサーチして活性の高い魚を探します。魚のレンジが判別しやすい状況を除いて、表層から順にサーチするのが適切です。

　ざっくりと3レンジくらいに分けてサーチした後は見つけたレンジをさらに丁寧に攻めるのがセオリーです。この際ハンドル何回転目のレンジでバイトがあったのかをしっかり把握しておけば、後はそのレンジを中心にアクションやカラーを変えてローテーションしていく流れです。

　「バイトがある」ということはアングラーにとって攻略の最大のヒントです。せっかく得られたヒントをモノにできないと、その後のローテーションに繋がりません。活性の高い魚のいるレンジをどれだけの精度で絞り込めるかで一日のスコアは大きく変わってくるでしょう。

　何となく買ったルアーを、何となく投げていてもそれなりに釣果は出ます。しかし再現性を高め、連発しようと思えばルアーへの理解を深めなければなりません。「このルアーはこれくらい潜るよ」とか「こっちよりあっちのルアーのほうが動きは強い」など特性を理解して、初めて状況にルアーをアジャストさせられます。まずはある程度大まかでよいので各レンジに対するルアーを数種類用意してみてください。お手持ちのルアーの特性が把握できれば、自ずと意味のあるルアーローテーションに変わり、必然的に釣れる魚も増えてきます。

　それでは千藤さんの考える一軍クランクをタイプ別に紹介して頂きましょう！

各クランクの特性を理解して、初めて状況にルアーをアジャストさせられます。大まかに3レンジくらいを区切ってサーチしてからレンジを絞り込んでいきましょう

水面直下系クランク

ロブルアー：バービーF
ティモン：デカミッツDRY
スミス：パペットサーフェス
エバーグリーン：キラーバグ

トップレンジから水面直下が得意な表層系クランクはリトリーブだけでなく、ロッドアクションを用いて使用する機会も多いシリーズです。表層の高活性魚に対して有効なルアーたちです

表層〜中層系クランク（スリムボディ）

ラッキークラフト：ワウ
ディスプラウト：イーグルプレイヤー
ヴァルケイン：クーガ
ロデオクラフト：RCグラスホッパー
ムカイ：トレモ

丸型フルサイズクランクと比べてややスリムボディなシリーズです。ミノータイプと表記しているメーカーさんもあり、近年勢力が拡大しているジャンル。種類にもよりますが比較的レンジキープがしやすく、食わせ寄りのアクションが多いです

表層〜中層クランク（ファットボディ）

ラッキークラフト：ディープクラピー
ティモン：パニクラ
ディスプラウト：チャタクラ

ファットボディがゆえに強い水押しで高活性魚を釣りやすいシリーズです。広範囲から魚を寄せられる集魚力の強さも魅力です。比較的レンジが入る種類も多く、中層以深の魚にもマッチします

第3章 実釣テクニック

表層〜中層クランク（ミディアムボディ）

ロデオクラフト：モカ
ディスプラウト：リタ
アンデッドファクトリー：メタクラ
タックルハウス：ミニシケイダー
ムカイ：トレモスマッシュ

スリムボディとファットボディの中間サイズのジャンル。魚を寄せつつも食わせまで持ち込める程よいサイズ感とアクションの強さが魅力。ある程度魚のレンジ感がつかめた時に使いやすいジャンルです

マイクロ系クランク

ティモン：ちびパニクラ
ロデオクラフト：ファットモカjr
ヴァルケイン：クーガnano
ディスプラウト：ピコチャタクラ

シルエットの小さい食わせ系クランク。自重も軽いので飛距離もフルサイズと比べて乏しい分、食わせに振っているコンセプトです。エステルラインの登場により使用頻度の増えたジャンルです！

にょろ系クランク

九重ルアーズ：ココニョロインジェクション
ティモン：ペピーノ
ディスプラウト：ガメクラ
なぶら家：ナブクラ
ラッキークラフト：アンフェア

「への字系」もしくは「ニョロ系」と呼ばれる食わせ系クランクです。ボディ全体をくねらせるような独特なアクションで、特に低活性な状況に対して救世主的な存在ですね。どんなルアーを投げても見向きもしない活性の低い魚でもニョロ系なら反応させられます！

フラットサイドクランク

ラッキークラフト：フラットクラピー
ヴァルケイン：クーガFMR

ボディがパタパタと倒れ込むようにアクションするフラット系クランク。ボディの面がフラットな分、強い水押しとフラッシング効果を生むコンセプトです。ポピュラーではありませんが、ハマった時の破壊力が凄まじい異色のクランク！

オーバーリップ系

ロデオクラフト：ウッサ

エリアトラウトにおいてオーバーリップ系クランクを確立させた唯一無二のクランクです。シンキングクランクなので各レンジを幅広くサーチしやすく、高活性魚から低活性魚まで幅広いシチュエーションに対応します。近年では放流ファーストをスプーンで探ったセカンドで投入するアングラーもおり、使い勝手は無限大のコンセプトです！

さかさにょろ系

1089工房：さかさにょろ
イケクラ：えさにょろ
ムカイ：バックストローク

これから数年掛けて拡大していきそうなリバース系クランク。ニョロ系でありながらも高活性魚も釣りやすく、トーナメンターを中心に一気に広まったジャンルです。現在各社が研究を重ね、段々と種類が増えてきそうなジャンルでもあります

第3章 実釣テクニック

クランク編
クランクもフックにこだわりましょう！

数種類のフックを状況によって使い分けるなんて難しい！ そんなアングラーに千藤さんがすすめるのがヤリエ社のMKシャープ。

千藤 MKシャープは乗せも掛けもできるオールマイティな設計です。何種類も使い分けないのであれば「ベストフック」と言ってもよいでしょう。ハリ先が鈍ってないかをチェックしてダメならば、どんどん交換していかないとフッキング率は大幅に低下します。

乱打戦の展開ならばヤリエ社のSTフックがおすすめ。なかなか乗らないバイトが続けばAGフックに交換しています。

フックの種類を替えただけで乗らないバイトが簡単にフッキングすることはよくあります。何しろ答え合わせはすぐにできる。それがエリアトラウトフィッシングの面白いところです！

【まとめ】
いまSNSでは基本ではないクランクテクニックが「正解」のように語られることが多いです。それを真に受けて真似しても魚にとっては「地雷」であることもしばしば。SNSで拡散される情報はトーナメントベースのものが多く、一日券で長く釣りをするアングラーにとっては毒となり得ます。

プロアングラーは基本的なクランクテクニックが習得できています。基本で食わない魚に対しては応用的なテクニックで臨みます。次の章でご紹介するのはエリア

トラウト界のカリスマ、松本幸雄プロ。その「応用テクニック」は、ぜひ基本をマスターしてからお読み下さい！

そして千藤さんがお話してくれたクランクの基礎は何年経っても色褪せない金言ばかりです。

千藤さんのフックケース。多彩なフックを使いこなす千藤さんだが、まずはMKシャープをまめに交換するだけでヒット率はアップすると話す

「MKシャープ」を基本に乱打戦のシチュエーションなら「AGフック」、渋い状況なら「STフック」と交換していく

何事も基本が大切。そこからの応用編があるのです

取材場所：栃木県 大芦川F&Cフィールドビレッジ

クランク&トップウォーター編
プロ「松本 幸雄」の場合

PROFILE

松本 幸雄（まつもと・さちお）
1982年生まれ

ロデオクラフト スーパーバイザー
バリバス フィールドテスター
タレックス モニター

戦績

・トラウトキング選手権　ダブルマイスター

第3章 実釣テクニック

クランク&トップウォーター編

「質」と「スピード」を兼ね備えた上級編サーチ

　基本をマスターするとさらにクランク沼へ深く潜りたくなるのがアングラーの性。さらなる深みに連れて行ってくれるのは大人気プロの松本幸雄さん。エリアトラウトフィッシングで最も有名なプロと言っても過言ではありません。実戦に裏打ちされた独特な着眼点と、刺さるワードチョイスで断ツの人気を誇るアングラーです。情報量過多なので「熟読」と「実釣」を繰り返して下さい。

　千藤さんの基本編を押さえたうえで松本さんの応用編を読み込めば、奥の深いクランクゲームの次の扉が開くはずです！　オールジャンルがトップクラスの実力を誇る松本さんの中で、クランクとは一体どういうポジションに位置付けられているのか。

松本　『爆発力系』、『寄り添い系』、『お祈り系』といろいろありますよ（笑）。

　この言い回しは『高活性系』『中〜低活

カラー要素をルアーがどう取り入れているのかも考慮してクランクの釣りを組み立てる松本さん

性系』『事故待ち系』とでも置き換えられるでしょうか。一口にクランクと言っても、各社からさまざまなコンセプトのルアーが発売されている中で、アングラーがどう使いこなしていくかでリーチできる魚は無限に広がるとのこと。

　一昔前の低活性魚をクランクでねらう使い方と違い、現代のクランクはスプーンを超える速度で高活性魚を釣っていく場合もあれば超デッドスローで低活性魚をねらう展開までさまざま。魚のコンディションに合わせたルアーチョイスと戦略が合わされば「剛」の釣りから「柔」の釣りまで対応できる懐の広さがクランクの魅力です。

　だからこそクランクごとの性能、カラー理論、タックルセッティングをしっかりと頭に沁み込ませた状態で釣り場に立ちたいところです。読んだだけでちょっと上手になった気がする知識が満載です！

『爆発力系』、『寄り添い系』、『お祈り系』など、独自の松本語録でクランクについて語ってくれた

クランク&トップウォーター編

光量と水温に応じたレンジサーチ

　皆さんの周りの上手なアングラーで「この人はパターンを見つけるのがやたら早いな〜」って人はいませんか？　いつも誰よりも早く爆釣パターンを見つけて連チャンしている人がいると思います。そう言った人たちのサーチ力は恐らく常人とは一味違うはずなのです。トーナメンターでもある松本さんは特に最短で魚のコンディションを見極めなければならない環境に身を置いています。

松本　無駄なサーチをすればするほど魚はスレます。大会ではある程度の決め打ちで絞り込んだ状況から探し始めることが多いですね。

　「ある程度の決め打ち」とは、たとえばレンジ感のお話だ。図1は魚の習性を利用したレンジ判別の一手ですが、光量によって魚のレンジはガラッと変わります。
　トラウトは高水温や激しい直射日光を好まない魚ですので太陽ギラギラな晴天ではレンジが沈みがちな傾向があります。逆に曇天時ではレンジが上がって、トップや表層クランクで爆釣という時も多いです。
　釣り場によっては駐車場側が日向で山側が日陰になるようなフィールドもありますが、日陰のほうに魚が集まってしまうことがあるのはそういった要因ですね。
　図2は厳寒期のレンジ感です。真冬は光量が増えれば表層水温が上がり、体を温めたい魚たちは一斉に浮いてきます。逆にローライト時の魚は中層やボトムでじっとしていることが増えてきます。

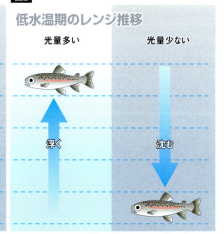

118　エリアトラウト独習法

例えばこういった魚の習性を利用したレンジ感を知るアングラーからすれば、知らないアングラーと比べて初手から正解に近いところをアプローチができるということです。釣り場で働いていた経験を持つ松本さんは当然魚の習性を知り尽くしています。
「根拠のない決め打ち」ではなく、「経験に裏付けされた決め打ち」によって最短距離のサーチが可能ということですね。
そしてサーチの際は一投ごとにレンジやスピードに少しずつ変化を持たせることも重要だと松本さんは語ります。

松本 同じことをずーっと繰り返してバイトを待つのはサーチじゃなくて事故待ちです。いろいろと考えながら釣りをするからサーチの時間は体力使ってお腹が減りますね（笑）。

「釣れた・釣れないの理由作りをするのがサーチの楽しみ」と松本さんが話すとおり、一日のスコアを決めるココを楽しまないと損ですね！

クランク&トップウォーター編
クランクのカラー理論と流しソーメン理論

スプーンもプラグもカラーへの考え方は基本的には同様です。派手なカラーが高活性に効果的で、地味なカラーは食わせに寄っています。松本さんが話してくれたのは「カラー要素をルアーがどう取り入れているかを読む」ということでした。

例：グローの使い分け

グリーングロー＝集魚×爆発力（14ノブ・21井野）

レッドグロー＝食わせ×持続力（15ノブ・20安塚）

同じグローであってもねらう魚が全く変わることが分かると思います。高活性魚に対して15ノブを投げても釣れますが、より釣果を爆発させたいならばグリーングローの14ノブとなります。逆もまた然りでカラーパワーとなる「集魚」と「食わせ」の効果を理解したうえでグローの種類や量を考えたカラーチョイスをすればよいわけですね。

例：グローを嫌う時間帯

特に日中の渋い時間帯はグローが入ったカラーを露骨に嫌う魚が増えてきます。強い発光を嫌う展開では非グロー系カラーでしぶとく釣っていくのがベストです。レッドグローで反応が鈍いタイミングで非グロー系にシフトしてみて下さい。

非グロー＝低活性食わせ×持続力（黒まんじゅう・さちおの茶）

水質によるベースカラーはスプーンと同様

●クリア水質
オリーブベース＝シルエット弱

●マッディ水質
ブラウンベース＝シルエット強

このベースから何を足すか、何を引くかが当たりカラーを探す作業となってきます。闇雲に当たりカラーを探してスレを進めるよりも、統計として正解に近いところからスタートしたほうが時間も釣り座もマネジメントできるということです。

これらのベースを把握したうえでどのコンディションの魚をねらっていくのか？

●リアクション（メタリック系）

反射食いをねらうリアクション要素を高めたいならばシルバー系やコパーなどのメタリック系カラーが効果的です。

●怒らせる（赤系）

ブラックバスと同様、トラウトにも威嚇系バイトは存在します。赤系で出るバイトがついばむような弱いバイトではなく、本気食いの深いバイトが出るのもその証でしょう。

●騙す（クリア系）

文字どおり、ルアーを見破られにくいシルエットの出ないクリア系は騙すためのカラーです。これは単純なクリアカラーだけでなく、透過系カラー全般を指します。

第3章 実釣テクニック

普段何気なく使って釣れているカラーも系統を分けるとこれだけ出てくるわけですね！　釣行を思い出して「あの時のバイトはこういうことだったのか」と確認してみるのも面白いです。

ちなみに最近増えているUVカラーはどう見るのか？

近年流行のUVカラーはバイトスイッチをオンにすることもオフにすることもある

松本　UVは要素ベースというよりも、食わせの一手って感じですね！　導き出したカラーセレクトで何かもうひとつ足りない……。そんな時にUVがバイトスイッチになることもありますし、逆効果になる時もあります（笑）

なるほど。バイト誘発の最後の一手的にUVを使えばよいとは納得。カラーに関して印象に残ったお話があります。

松本　カラー探しはキャストを通じて魚が何色を好むのかを聞くコミュニケーションでしょう？　人間と一緒で魚も個

体ごとに好みがバラバラな時もあるし、それを聞き出すのが面白い！

筆者はカラー探しをコミュニケーションと捉えたことはありませんでしたが、相手が生き物であることを忘れてはいけないと戒めを感じたお言葉でした（汗）。何にせよこれらのカラーによる傾向を理解していない限り、ローテーションなんてできるわけがないという最も初歩的なカラー理論です。これを踏まえたうえで、最前線のトーナメントシーンではどう戦うのか？

松本　大会では当日放流魚や高活性魚をいかに強いカラーで釣っていくかで勝敗が分かれるでしょう？　隣の選手より強いカラーを投げれば、その分こっちが釣れる高活性魚の割り当てが増えてきます！

これは松本さんが言うところの「流しソーメン理論」というやつです。流れてくるソーメンを受け皿のところで構えている人よりも最上流で構えている人のほうが食べられるソーメンの量は明らかに多いですよね？

それと同じで魚が好むベースカラー+αの「α」の部分がハマればハマるほど試

121

合のスコアに差が開いてくると言うことです。短時間で勝敗を競うトーナメントでは誰もが「α」を常に意識しています。技量だけでは埋められないカラーパワーの世界は深い沼です。

一見プロパーカラーなのに実はギミックが入りまくってる自塗りカラーを使っているトーナメンターは結構多いです。カラーパワーの強いルアーを持っていることも実力のひとつなのです。

ただこれはあくまでトーナメントのお話。一日券で同じ釣り座で長く釣りをする一般アングラーがそこまで強いカラーを投げ続ければ速攻で魚がスレて座が枯れてしまいます。一部のトーナメンターの情報を一日券アングラーが取り入れてもあまりよいことがない。

現に松本さんは「一日券で長く釣りをするならば"さちおの茶"が最強‼」と仰っておりました(笑)。火力のあるカラーは滅びるのも早いとキモに銘じたいものです。

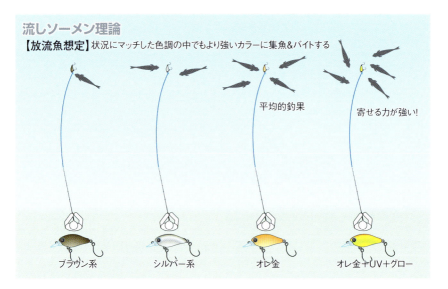

流しソーメン理論
【放流魚想定】状況にマッチした色調の中でもより強いカラーに集魚&バイトする

平均的釣果 / 寄せる力が強い！
ブラウン系 / シルバー系 / オレ金 / オレ金+UV+グロー

クランク&トップウォーター編
食わない魚にだけ
ロッドアクションを！

クランクの釣りも原則はスローリトリーブが大前提。上手なアングラーほどただ巻きの技術が優れています。ですが最近は普通に巻いて食わない魚がいるのもまた事実。気難しい魚に対してどういったアプローチをすればバイトまで持ち込めるのか？

ルアーなりのアクションだけでバイト

しない魚に対し、ロッドアクションはバイト誘発のキーになることがあります。ただし何でもいいからアクションすれば釣れるというわけではありません。大切なのは何をすればスイッチが入るのか、何をしたら地雷になるのかを見極める選球眼が必要なのです。着水から回収までアクションし続けても逆効果なように、ここぞという場面のロッド操作こそ意味があるのです。

松本さんがロッド操作を行なう状況はこれらが挙げられます。

ゆっくり食べる属に行なう
超スローリトリーブ+ロッド操作

ルアーが泳がないレベルでのスローリトリーブでは当然魚が見切ってしまいます。そこでルアーに首を振らせるための細かなロッドワークで超スローリトリーブを実現するとのこと。やる気のないチェイスだけでルアーと魚の距離が一向に縮まらない場面で有効なテクニックですね。

速く巻いて食べる属に行なう
ファストリトリーブ+ロッド操作

ファストリトリーブで追ってくる魚に対して、ロッド操作によるアクション変化がバイトのスイッチとなる場面は非常に多いです。アクションを加えることによって魚との距離を詰めさせるのはもちろん、目線を上にズラしてバイトを誘発するテクニックもあります。加速して一気に食わせる場合は、レンジボケしないようにロッド角度の調整も必要です。

チェイスはあるのに食わなかった経験は誰でもお持ちと思いますが、その魚が実は食う魚だと思えばすぐに実践したくなるテクニックです。

ただし「大前提として一定のスローでクランクを巻いて反応さえ出せない状況では絶対に効きません！」と松本さんが言うとおり、セオリーから外れたことは毒になってしまう場合もあると頭に入れてください。

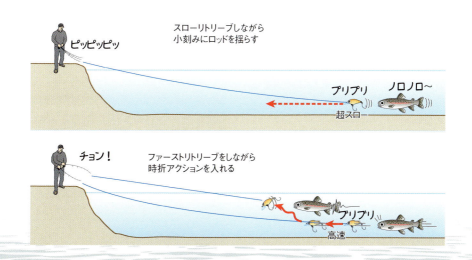

クランク&トップウォーター編

クランクに適した
ラインの正解は？

　松本さんのクランクのメインラインはバリバス「ES2」0.4号とRC「マイスターエステル」0.35号にそれぞれフロロリーダー0.6号を30cmというのが基準となります。これで対応できない状況になるとラインの素材や太さで調整をしていくそうです。

●ナイロン → クランクを上に向ける展開
●フロロカーボン → クランクを下に向ける展開

　これはラインの比重を武器にしたレンジ感と特性のお話です。

松本　比重の軽いナイロンは表層、中層でのレンジキープ力とクッション性が魅力です。深い反転バイトはクッション性を利用してガッチリと掛け、皮一枚のバイトでもラインが伸びるためバラさずにランディングできるメリットがあります。一方のフロロラインは比重が重いのでクランクの浮力を押さえながらスローにレンジキープできる特性があります。厳寒期や低活性時にフロロクランキングが活きる展開が多いのはデッドスローに探れるからです。

●エステル → 飛距離・操作性ともに万能
●PE → 飛距離・フッキング性能を高めてくれる

松本　エステルは万能性が非常に優れるためエリアトラウトフィッシングの主流となったラインです。言うなれば「エステルでできないことを他のラインに求める」という基準が一番分かりやすいかもしれません。

　PEラインのクランクゲームはポピュラーではありませんが、サオ抜けをねらえる圧倒的な飛距離が唯一無二の武器といえます。そして伸び率が0に近い特性を活かした瞬間的なフッキング性能も魅力。ロッド、フックそしてクランクのセッティングが整った状態での「食った瞬間に掛かるPEセッティング」を密かに取り入れるアングラーが増えています。

　大会では6タックルしか使用できません。よって万能なエステルを選ぶケースが多いですが、クランクにマッチしたラインに正解はありません。「ベスト」をねら

第3章 実釣テクニック

うか「ベター」でも構わないのか「お祈り」をするのかで選択肢は全く変わるのです。

　トーナメンターは外した瞬間に敗退なので「ベター」から入り「ベスト」に近づける考え方で釣りを組み立てます。そんな制約のない一日券アングラーであれば「ベストをひたすら探す！」と言う楽しみ方もまた一興だと思います。

クランク&トップウォーター編

松本幸雄的クランクベストフックとは？

　レンジ・アクション・カラーを見つけたとしても、苦労するのはフックセッティングです。正解があるのかないのか、それくらい日替わりで魚の嗜好は変化します。そんな魚を相手にするにはフックの特性を理解していないとアジャストできる全量が減っていきます。

　統計として「このフックはこういう時にマッチしている」という情報をインプットしておくだけで瞬時のフックセッティングで迷子にならなくて済みます。

　松本さんの考えるフック考察を参考にしてみて下さい。

◇追尾系バイト
・ハムハム系→バリバス「キャンバス#7」
・スローにバイトする系→ロデオクラフト「クラッチフック」
・ゆっくり追って、食う時は速い系→ヤリエ「STフック」
・ゆっくり追って、食う時もスロー系→ヴァンフック「BC-33F」

◇誘いを入れるクランキング
・誘いでフックを残す→ロデオクラフト「佐野針」
誘いで掛けていく→STフック、BC-33F

追尾しながらのハムハム系に対応する「キャンバス#7」

追尾しながらスローにバイトする系に対応する「クラッチフック」

125

◇落ちパク系
掛けていく→STフック、BC-33F

　これだけでも結構な数の種類が必要ですが、ある程度上級者になると皆さん当然のように使い分けています。つまりフックアレンジだけで釣果が伸びるという証でもあります。そこまで使い分けがイメージできないアングラーには「ゆっくり巻くクランクには佐野針で、速く巻くクランクにはSTかBCでOK！」とのことでした。

ゆっくりと追尾しながら食う時は速い系のバイトに対応し、誘いの釣りや落ちパク時もフッキングしやすい「STフック」

ゆっくり追尾しゆっくりバイトする魚には「BC-33F」

誘いでフックを上手く残せるのが「佐野針」

第3章 実釣テクニック

クランク&トップウォーター編
ラトルはクランクで効果的？

近年注目されている「音」のアピール力。まだまだ「ラトルINモデル」は多くないものの、松本さんはラトルの威力を実感するひとりです。

松本 ラトルは集魚要素なので魚を引っ張りたい場面で明らかに効果があります。なので高活性を釣るならラトルIN！

どのタイミングでラトルINモデルを使うかピンと来ないアングラーは、まずは集魚したいor高活性魚をねらいたいというタイミングで使用してみてください。
ラトルにも色々な種類があります。

・ガラスラトル……放流魚などの高活性魚が好む軽めのサウンドです。コーホーサーモン（ギンザケ）が放流された時は特に好まれます。
・スチールラトル……ガラスラトルよりもさらにアピールを増やしたい時の素材。マッディ水質での集魚で効果的。

ラトル自体の素材やサウンドによっても効果が変わることもあり、松本さんも耳元でルアーを振ってサウンドを確認していることがあります。「ですが魚は確実に音を覚えてきます」と注意を促します。投げ続けると明らかにバイトが減る場面がしばしばあるのです。
ローテーションとしては高活性魚＝ラトルINで釣果の初速を伸ばし、落ち着いたタイミングではノンラトルでじっくり釣っていくローテが望ましいでしょう。ま

ラトルにはガラス、スチールと種類がある。写真はガラス製で軽めのサウンド

た、「ラトルINモデル」と記載がなくてもウェイトが固定しきれておらずに音が鳴るモデルが存在します。
ヴァルケイン「シャインライド」や「ディスプラウトGJ」なども、実はラトルINモデルのように音が鳴る個体が存在します。パッケージを開けて振ってみないと分からないガチャガチャの要素はありますが、精度の高い国内製造のルアーでもこういった現象があるのです。

松本 ちょっとした個体差はルアーの個性であって不良品じゃないです（笑）

そう話す松本さんは各ルアーの個性を理解して適材適所で使い分けている印象です。トーナメントシーンでも「非ラトルモデルのラトル仕様」を必殺のシークレットとしている選手もいますが、遂に書いてしまってごめんなさい（笑）。
試しにお手持ちのルアーを振ってみると、ちょっとした発見があるのかもしれません。

クランク&トップウォーター編

「お祈り」の正しいやり方

　大会などで会話の中に「こうなったらこのルアーでお祈りするしかない！」というような話があります。あまりに釣れない時間帯に祈るように巻いてくることを指す松本用語です。「事故待ち」も同じようなニュアンスですね。

　何も考えずに「お祈り」をしているだけでは「事故」が起きません。どうせならその確率をちょっとでも上げてお祈りしたいものです。

　例えば冬場の大会では水温が落ち過ぎて朝一の1回戦のタイミングで魚が全く動かないケースがあります。レンジも中層からボトムまでの深めに定位していることが多く、そんな魚に対してお祈りする時には何がベストなのでしょうか？

　広範囲を探りたいのである程度飛距離は欲しい。それでいて波動が強くシルエットがあって見つけて貰いやすいルアーがベストでしょう。そうなると思いつくのはディープクラピーやパニクラMRでしょうか？

松本　ディープクラピーはミディアムくらいの巻きスピードがよく釣れるので、動かない魚に対してはもっとゆっくり引けて浮力が弱いパニクラMRのほうがいいでしょうね。

　こんな感じで分析していくと「お祈り」の精度が格段に跳ね上がるでしょう。「釣れてくれ！」と言う強い想いがあったとしても魚は応えてれません。相手が生き物だからこそ、エゴではなく寄り添った思考が必要だというお話です。

　松本さんのクランク編はあえてルアーの具体名は少なめに書かせて頂いたのですが、そのほうがお手持ちのルアーを当てはめて読めるかなと思ったからです。必要なのは「答え」ではなく「答えを見つけるまでの思考」の部分です。松本さんのクランクに対する考えを実践してみて下さい。

あまりに釣れない時間帯は祈るように巻いてくる。確率をちょっとでも上げてお祈りしたいものです

エリアトラウト独習法

第3章 実釣テクニック

クランク&トップウォーター編

「やらない」なんてもったいない！
トップウォーター戦略

　現代の釣りに欠かせないトップウォーター戦略！ トップウォーターというジャンルはポッパーやペンシルだけでなく、クランクを使って行なう展開も非常に多い。クランク編で一緒にやったほうが分かりやすいかなと思いました。
　一昔前のトップウォーターゲームは「釣れたら楽しいルアーフィッシングの醍醐味」的なイメージが先行していました。確かにバイトが丸見えなので視覚的にも大興奮です！ それが昨今の細分化されたエリアトラウトフィッシングにおいては、トップウォーターでもスプーンやクランクに釣り勝てるストロングな展開がかなり増えたと実感しています。現代のトップウォーターシーンで広く使われるのはポッパーとウェイク系でしょう。その使い方と特徴から見ていきましょう。

ポッパー

ポッパーの基本は集魚と食わせのアクションが別ものと理解することから始まります。1、2回は前方向へスプラッシュさせて魚を集め、泡を纏うようなアクションを1回入れて、その泡と波紋の中にルアーを置いておくイメージでバイトを誘発します。

「やっているうちに魚がバイトする神音が聞き分けられるようになってくるから、ねらって神音を出せるように必死に練習！」とのことです（笑）

ロデオクラフト：にゃんプップ
ラッキークラフト：ポコポコクラピー
フィッシング帝釈：スプラッシュトップ
タックルハウス：ショアーズポッパー

ポッパーの操作イメージ

1〜2回前方向へパシャパシャとスプラッシュする＝集魚

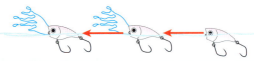

泡をまとわせるようにゴボッとアクション。
その波紋の中にルアーを置いておく＝食わせ

コボッ

第3章 実釣テクニック

ウェイク

ウェイク系は高活性魚も低活性魚も使い方によって釣り分けられるのが特徴です。ブリっと潜らせて止めた時の浮上で魚を呼び込んで食わせる（低・中活性）。動かし続けてテンションを上げさせて食わせる（高活性）。もちろんアクションとポーズを複合的に使ってどちらの魚もねらっていくことも可能です。トップゲームはほとんどがサイト展開なので魚の反応を目視して調整できるのが難しくも楽しいところです。

ティモン：デカミッツDRY
ディスプラウト：ピコイーグルプレイヤー
スミス：パペットサーフェス
ロデオクラフト：ファットモカjr SR

ウエイク系の操作イメージ

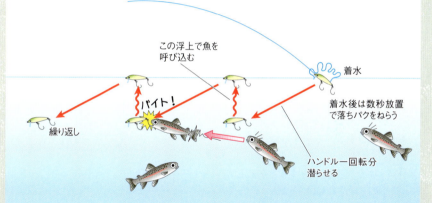

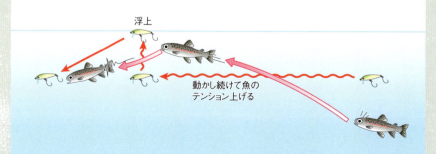

> クランク&トップウォーター編

トップもフックが重要！

バイトがあるのに掛からない場合は、やはりフックセッティングが合っていない場合が多いです。

バイト速め……STフック・BC-33F
スローなバイト……佐野針
末期的状況……クラッチフック

クランクでのフックセッティングと大差はありませんが、意識したいのはトップゲームには「フックとしての掛かり」と「ルアー浮力としての掛かり」があることです。浮いてるルアーを水中に引き込むわけですからバイトスピードによって魚の口にどう残るのかをイメージしたフックセレクトが肝ですね。

案外気付いていないフックの「向き」のお話

上が通常の順付けですが、ルアーをステイさせてバイトが多発する時は下図のようにリアフックを内向きにセットしたほうがフッキング率は上がることがあります。リトリーブ時は基本的に後ろから追尾して後ろからバイトしてくることが多いトラウトですが、トップでステイした時はどの方向からバイトがあるかは分かりません。なのでフックポイントの方向を変えておくことで全方向からのバイトに対応しておこうというセッティングです。「動かす時は順付け」で「止めて食わすなら逆付け」を試してみて下さい！

そしてランディング時に口のどこにフッキングしているかを注視すると、よりフックの向きの正解に近づけます。

トップで使うフックは主にクランクと一緒

フックセッティングの一工夫

純付け

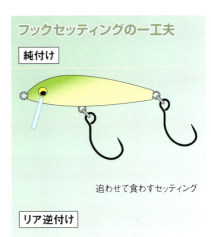

追わせて食わすセッティング

リア逆付け

止めて食わせるセッティング

第3章 実釣テクニック

口のどこにフッキングしているか注視してみよう

「落ちパク」の準備はできていますか？

「落ちパクで釣られて負けた」とかちょっと揶揄したような言い方をするアングラーがたまにいますが、そもそも貴方は落ちパクをされる準備ができていましたか？　というお話。ルアーをキャストして着水と同時にバイトしてくる落ちパク。松本さんいわく「落ちパクは結構ねらってできますよ！」とのこと。

まず一番落ちパクが生まれにくいキャストは、お尻（テール）からズボっとライナーで着水させてしまうこと。そういうキャストだと落ちパクはほぼねらえないといってもよいでしょう。

一番落ちパクが期待できるのは「ルアーの腹からペチョッと落とす！」のが最高だと松本さん。着水前にフェザーリングでブレーキを掛け、ラインが直線になるようにメンディングして着水させれば落ちパクした後のフッキングも決まりやすいです。

どっちの方向からもバイトが出てもよいようなフックセッティングも確率を上げる要因です。落ちパクだとしても1匹は1匹。

「落ちパクは偶然にあらず！」の格言をモノにしてみて下さい！

ルアーの腹からペチョッと着水させれば落ちパクがねらえます

133

> クランク&トップウォーター編

釣り分けのカラーチョイスを意識しよう！

　トップウォータープラグといえばクリア系のカラーが今も昔も定番です。光が透過するカラーのほうが、バイト数が多いのは間違いありません。ですが魚の活性別な釣り分けができてきた昨今ではもう少し細分化してカラーを選んでいったほうがよいでしょう。

◇高活性魚

　クリアベースの中でもシルエットの出るベリーラインが入ったカラーだと魚を呼び込むパワーが一段上がります。トップゲームでの乱打戦ではラインの入ったものや、それに加えてグローやパール・ラメの入ったカラーがさらに威力を発揮します。

認識でよいと思います。ラインではなく、スポットのカラー要素は昨今注目されているギミックです。

◇ペレットパターン

　常態的にペレットを撒いている釣り場ではペレットカラーがマッチ・ザ・ベイトとなります。鱒ボールができる展開でも圧倒的に強いのがペレットカラーですね。この展開になるとクリア系よりも群を抜いてバイトが集中するペレットカラーは必携です。

◇低活性魚

　単純なクリアカラーや、アピール要素の弱い+αがあるカラーが低活性魚に向いています。+αの部分はクリアでも見切っていく場合の食わせの一手としての

第3章 実釣テクニック

　これらの考えをベースに、光量や水質を魚のコンディションに落とし込んでいくと爆釣カラーが見つけやすくなるでしょう！　トップゲームは「勝てる釣り」として今まさに歴戦のアングラーたちが日夜研究を重ねているジャンルでもあります。これからどう変遷していくのか筆者も楽しみでなりません。
　エリアトラウトフィッシングの申し子ともいえる松本さんの取材はやはり面白すぎました。

【まとめ】
　松本さんのクランク＆トップウォーター編はビギナーに向けた記事ではありません。一定の力量まで及んだアングラーはどうしても伸び悩みの壁にぶつかりますよね。そんなアングラーが読むと「こういうことか！」と腹落ちする内容をメインに書かせて頂いた中・上級者向けの内容となります。ですのでしっかりと基本をマスターしたうえで、トッププロの考え方に触れてみて下さい。

取材場所：静岡県須川フィッシングパーク

ボトム編

プロ「伊藤 雄大」の場合

PROFILE

伊藤 雄大（いとう・ゆうだい）
1982年　生まれ

ベルベットアーツ代表
バリバスフィールドテスター
リヴァイブフィールドスタッフ

戦績

- トラウトキング選手権 第16回大会トップマイスター獲得
- 管理釣り場ドットコムエリアトーナメント総合優勝5連覇
- FIPSed ワールドチャンピオンシップ国際大会日本代表 総合優勝

第3章 実釣テクニック

> ボトム編

ついつい極めたくなる魅惑のボトム攻略！

　ボトム攻略は近年誰もが取り入れるジャンルとなってきました。一口に「ボトム攻略」と言っても、その攻略方法は実に多岐に渡ります。理論的に分かりやすく説明してくれるトッププロは伊藤雄大さんです。正直ここまでシステマチックなボトム理論は私の知識だけでは書けませんでした（笑）。スプーンやクランク、ミノーでも一家言を持つ雄大プロはまさに完成されたオールラウンダーです。トーナメントでの勝ち方、そしてサンデーアングラーとしての楽しみ方、そのどちらも勉強になる内容が満載です。

　ここ数年、トーナメンターだけでなく一般アングラーもボトム攻略を取り入れるようになり、その釣果やゲーム性が完全に認知されてきました。スプーンやクランクで釣れにくくなった手詰まりの時間帯でさらに大きく釣果を伸ばせるボトム攻略は、エリアトラウトフィッシングの魅力をより深くしてくれたと思っています。

　ルアーの力だけで釣るオートマチックな要素よりも、「ルアーを動かす」「バイトを掛ける」というマニュアル的な要素が多いのも沼にハマっていく要因でしょう。だからこそ常に最大釣果を引き出すトッププロがどういった視点でボトム攻略をするのかアングラーは知りたがるのです。

　数あるヒントの中から最大公約数を導き出す雄大プロのボトム攻略のすべてをお聞きします！

圧倒的な実績と論理的な解説で大人気の雄大プロ

底でしか反応しない魚を釣るためのメソッドであり、底で食わせることを楽しむメソッドでもあるのがボトム攻略

TACKLE DATA
タックルデータ

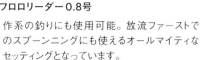

主に3つのタックルを中心にボトム攻略を行なう雄大プロ

その1　オールマイティスタイル

- ロッド：ベルベットアーツ ローズ 612L
- リール：ダイワ 22 イグジスト 2500XH
- ハンドル：リヴァイブ ファンネル 47.5mm
- ライン：バリバス スーパーエステル 0.4号 +VSP フロロリーダー 0.8号

　ファーストテーパー（先調子）のシャキっとしたロッドにエステルラインの組み合わせ。あらゆるボトムメソッドに対応できるセッティングでありながら、マジックジャークやトップなどの操作系の釣りにも使用可能。放流ファーストでのスプーンニングにも使えるオールマイティなセッティングとなっています。

その2　PEスタイル

- ロッド：ベルベットアーツ ローズ 582MLST
- リール：ダイワ 22 イグジスト 2000H
- ハンドル：リヴァイブ ファンネル 47.5mm
- ライン：バリバス インフィニティ PE0.2号 +VSP フロロリーダー 0.8号

　レギュラーテーパー+ソリッドティップにPEラインの組み合わせ。伸びがほとんどないPEラインの感度を活かしつつ、クッション性をロッドで補うセッティングです。メタルバイブレーションを中心としたアングラーの操作が重要となるルアーに特化しており、ラインをエステルに組み替えるとさらに汎用性が増します。豆系ルアーの縦釣りや通常のミノーイングなど、特化型ルアーの展開でも重宝するタックル。

その3　ボトムスプーンのズル引きスタイル

- ロッド：テールウォーク シルバーナ瀧 TZ59TS
- リール：ダイワ 23 イグジスト SF2000
- ハンドル：リヴァイブ ファンネル 45mm
- ライン：バリバス ES2 0.25号 +VSP フロロリーダー 0.6号

　ボトムスプーンのズル引き専用タックル。チタンティップの超高感度で繊細に底質変化やバイトを感じながら誘えるセッティングとなっている。"ハムハム"と繰り返しバイトする魚に違和感を覚えさせずに本気食いを誘発できる特化型ロッドを使用。繊細な巻きを考慮したノーマルギア+45mmハンドルと、水切れのよい細めのエステルを組み合わせています。

　状況に応じてこの3タックルをボトム攻略で使い分けます。筆者が驚いたのは2500番リールを採用していたこと。イトフケが多く出るシチュエーションや巻きアワセを素早く入れたい場面などでは巻取り量87cmの利点は確かに理解できますが、バス用のサイズといってもよい2500番をトッププロが取り入れていたことには驚きました。

「今の技術なら昔のリールの2000番よりも軽いですよ（笑）」
　と言われ、なるほどと納得しました。先入観に捉われずにベストセッティングを探す姿勢に感服。リールサイズやギア比、そしてラインの素材や硬さなど、それぞれの道具が持つ得手不得手をしっかりと把握することがベストタックルバランスに辿り着く第一歩ですね！

第3章 実釣テクニック

ボトム編
「縦ボトム」と「横ボトム」から知るルアーチョイス

　ダート系、バンプ系、ズル引き系など、今ではボトムルアーも細分化の一途を辿ります。ダート系プラグをバンプで使っても効果が半減するように、使用方法と使用場面がマッチしてこそ初めて爆発的な釣果がもたらされます。

伊藤　ボトムルアーには「ルアーの持つアクションを活かした"ただ巻き"で釣るタイプ」と「ダートやバンプなどアングラーが操作するタイプ」の大きく分けて2タイプがあります。これらの特性を把握したうえでタックルのベストセッティングが決まり、操作方法も決まってきます。

　それでは雄大プロのボトムルアーの使い方を見ていきましょう。

ただ巻き系ルアー
～横方向へ引っ張る釣り～

ルアータイプ：クランク　　使用方法：ボトムノック

　ボトム系メソッドの中でも随一の集魚力を持つボトムノック。
　クランクはミディアム～ファースト気味のリトリーブ速度なので手返しが非常に速いのも特徴です。中層の横展開で反応が得られず「さあボトムをやってみよう」と言うタイミングの取っ掛かりとしても最適なルアーで、フルキャストしてクランクのブルブルを感じながらボトムを小突いてくるだけの簡単な使用方法も魅力です。

選抜ルアー①
ロデオクラフト
「RCボトムクラピー」
・リング：#00 #0 ダブルリング
・フロントフック：ヤリエ ST フック #8
・リアフック：バリバス キャンバス #7

特徴：ワイドアクション&ラトル効果でハイアピール。ボトムノックとしての初手で使用

139

選抜ルアー ②
ティモン「パニクラDR」

・リング：**#00 #0 ダブルリング**
・フロントフック：**ヤリエ ST フック #8**
・リアフック：**バリバス キャンバス #7**

特徴：「RC ボトムクラピー」よりもさらに飛距離が欲しい場面で使用。また同ルアーよりも少しアピールを落としたい場面でも効果的

選抜ルアー ③
ティモン「キビパニMR」

・リング：**#1**
・フロントフック：**ヤリエ ST フック #8**
・リアフック：**バリバス キャンバス #7**

特徴：コンパクトサイズながらパワフルな波動を持つ。浮力も高いのでリップにまとわりつく藻を浮かしてかわすことも可能

ステップアップ！

1. ロッドティップを水中に入れ、膝をついた「ニーリング」でのリトリーブだと一気に潜行スピードが上がります。
2. ロッドでのフッキングがやりにくいからこそハイギアリールでの巻きアワセが釣果に直結するといえるでしょう。
3. リップをボトムに当てる強弱で砂煙を上げる量は調整できます。ロッド角度やリーリングスピードで調整してください。

クランクのボトムノック

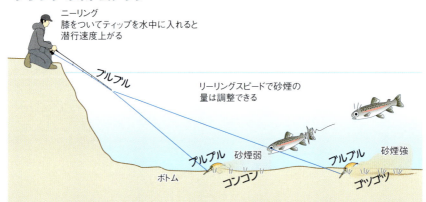

エリアトラウト独習法

第3章 実釣テクニック

> ルアータイプ：**ニョロ系クランク**　使用方法：**ボトムノック**

　低活性で追いの悪い展開で、丸型タイプのボトムノックよりもスピードを大幅に落としたい場面で効果的。

　細長いシルエットの物珍しさによってスレた魚にも自然に口を使わせやすいジャンル。フッキング後のバレやすさを緩和するためにしっかりとロッドを曲げたファイトを心掛けるだけでキャッチ率は大幅にUPします。

　ニョロ系でのボトムノックはトーナメンターが密かに使うシークレットメソッドです。

選抜ルアー ①
ベルベットアーツ
「ベルニョロ」

- リング：#000 #00 ダブルリング
- フック：ヤリエ ST フック #8

特徴：中層でのスローリトリーブはもちろん、ボトムに絡めての巻きにも最適。ニョロ系クランクの中ではスピード域も広く、早めのリトリーブにも対応します。

選抜ルアー ②
ヴァルケイン
「クーガディメンションロング S」

- リング：#000 #00 ダブルリング
- フック：ヤリエ ST フック #8

特徴：ロングリップ系ニョロでは珍しいシンキングタイプ。ディープタイプの釣り場でもボトムに届けやすく、サーチ範囲が広いのも特徴です。

ステップアップ！

1. スローな展開なので真後ろからのバイトだけではなく、真横からのバイトも増えるルアーです。できるだけ2フック仕様のルアーを採用し、フッキング率を上げる意識でリトリーブしましょう。
2. 比較的水深が浅いポイントではアクション優先でフローティングモデルを使うとアピール力が高まります。

ニョロ系クランクのボトムノック

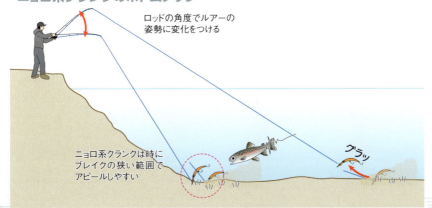

ルアータイプ：ボトム用スプーン　使用方法：ズル引き or シェイク巻き

ボトムメソッドの中で最もアピールを抑えたアプローチが可能。低水温期に魚がボトムに群れている場面で静かに場を荒らさずに1尾1尾を釣っていくとパターンが長続きしやすい傾向にあります。飛距離が出しやすいので強風下でも試しやすいメソッド。

選抜ルアー①
ティモン「Tグラベル」
1.7g、2.0g
・フック：カルティバ SBL-14#8、
　　　　　ダイワ エアスピード#8

特徴：伊藤雄大プロがボトムの師と仰ぐ瀧澤真一プロ監修の名作スプーン。シェイク・バンプまで多彩にこなし、ハマった時の持続力がピカイチ。

選抜ルアー②
ベルベットアーツ
「名称未定ボトムスプーン」
・フック：カルティバ SBL-14#8
　　　　　ダイワ エアスピード#8

特徴：専用タックルを必要としない扱いやすさを目指して開発を進めるボトムスプーン。ノー感じな巻き感ではなく、適度な引き抵抗と魚が好む砂煙を計算して設計されている。

ステップアップ！

1. バイトが出た瞬間に合わせるのではなく、パクパクと連続食いをしていく中でよいバイトを乗せていくイメージが最もフッキング率が上がります。

2. リングを小さくしてフックを立たせるか、リングを大きくしてフックを寝かせるか、ちょっとした工夫で釣果が変わってくるジャンルでもあります。

3. スプーンの裏面が基本的には魚に見られる時間が長い特徴がありますが、時おりちらっと見える表面のカラーも非常に重要です。

ボトム用スプーンのズル引き&シェイク巻き

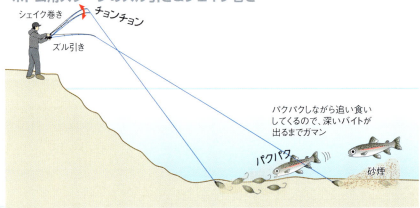

第3章 実釣テクニック

アングラー操作系ルアー
～縦方向にも刻んでいく釣り～

ルアータイプ：メタルバイブレーション
使用方法：リフト&フォール・デジ巻き

　強いバイブレーションとストンと落ちるフォールにより、魚に考える時間を与えずにリアクションバイトを誘う釣りです。横展開であるクランクのボトムノックに匹敵するアピール力とスピーディなテンポのよさが魅力。

　ルアーからロッドに伝わる振動が大きく、着底も分かりやすいのでボトム入門にも最適といえます。リフト&フォール→デジ巻き→シェイク巻き→ズル引きとアピール力を調整することが可能です。

選抜ルアー ①
ベルベットアーツ「ゴーレム」2.9g
- リング：#000 #0 ダブルリング
- フック：ヤリエ ST フック #8
　　　　（リフト&フォール・バンプ）
　　　　バリバス キャンパス #7.5（ズル引き）

特徴：極薄ステンレスブレードを採用し、水を切り裂く瞬間的なバイブレーションを発生させます。4つのアイで動きの強弱を調整する万能型メタルバイブレーション。

選抜ルアー ②
なぶら家「ツーウィン」2.0g
- リング：#000 #0 ダブルリング
- フック：ヤリエ ST フック #8
　　　　（リフト&フォール・バンプ）
　　　　バリバス キャンパス #7.5（ズル引き）

特徴：軽量ながらも強めの波動を出すバイブレーションが持ち味。小中規模の釣り場で使いやすいサイズ感が魅力。

ステップアップ！

1 ルアーによってはスナップを接続するアイが複数個設けられているものも多く、どの穴がどういったアクションに適しているかをしっかりと理解して使い分けるのがキモです。フロントに向かうほどアクションがタイトとなり、リアに向かうほどワイドになります。

2 ズル引き系メタルバイブであれば穴のフロント～中間がリフト&フォール、リアがデジ巻きと使い分けるとルアーのポテンシャルがさらに引き出せます。

3 メタルバイブが苦手な人は「大きくシャクリ過ぎ」「一定のリズムで誘えてない」がほとんど。自身のアクションを振り返ってみましょう。

メタルバイブの各アイの使い分け
- フロントアイ…タイトアクション　ズル引きやデジ巻き
- センターアイ…オールマイティ　デジ巻き、シェイク、リフト&フォールによい
- リアアイ…ワイドアクション　強波動なデジ巻き

> ルアータイプ：バイブレーションプラグ
> 使用方法：リフト&フォール・デジ巻き・シェイク・ズル引き

バイブレーションの集魚力と、プラグが持つスロー域での対応力を兼ね備えたカテゴリー。ボトムメソッドの中でも中間にあたるパワー感を持ち、スピードへの対応幅も非常に広い特徴を持っています。ある程度ボトムから浮いた魚にも気付かせやすく、ボトムへ呼び込むアピール力も魅力。

選抜ルアー①
ディスプラウト「DSベビーバイブ」

- リング：#000#0ダブルリング
- フック：カルティバ SBL-14#7

特徴：エリアトラウトにおけるバイブレーションプラグの元祖とも言える存在。やや強めのアピール力で多彩なアクションともマッチングする。

選抜ルアー②
ヴァルケイン「ライオーム nano」

- リング：#000#0ダブルリング
- フック：カルティバ SBL-14#7

特徴：近年トーナメントシーンでも出番の多い一軍ルアー。小さいシルエットでの食わせ能力を活かすためにエステルタックルで繊細に操作すると最適。

選抜ルアー③
ジャクソン「上げ下げマジック」

- リング：#000#0ダブルリング
- フック：カルティバ SBL-14#7

特徴：空気室を持たないソリッドタイプ。メタルバイブに近い使用感となっている。プラグならではの透明感のあるカラーもラインナップ。よりスローに探る場面で効果的。

ステップアップ！

1 数多くのルアーが存在するカテゴリーだからこそルアーに対する理解力が前提として必要。足もとでのアクションチェックを必ず行ない、そのルアーが得意とするアクションを把握したうえでマッチするカラーを組み合わせていくイメージです。

2 感度優先のPEラインか、警戒心なく口を使わせるエステルラインかのチョイスも状況別で判断すると効果的。

バイブレーションのリフト&フォール

移動距離を大きくせずに定点でリフト&フォールするイメージ

第3章 実釣テクニック

> ルアータイプ：ミノー
> 使用方法：デジ巻き・シェイク巻き・ズル引き

弱めの波動と細長いシルエットにより食わせ能力に長けたカテゴリー。魚がボトムに溜まり、他レンジから呼び込む必要がない場面で真価を発揮します。「集魚」よりも「食わせ」に寄せたアクション性能を有したルアーが多く、エステルラインを用いた繊細な食わせのアクションで誘うと効果的。

選抜ルアー①
ヴァルケイン「シャインライド」

- フロントリング：#1
- リアリング：#000#00 ダブルリング
- フック：カルティバ SBL-14 #7

特徴：移動距離を抑えたシェイク巻きで使用。低水温期の魚がスローな展開で極めて有効で、近年のトーナメント実績が大。

選抜ルアー②
ムカイ「ポゴHS」

- リング：#000#00 ダブルリング
- フック：ヤリエ ST フック #8

特徴：トントントンとテンポ良くボトムを叩く方法で使用。ある程度活性を残した魚を効率よく探る時に効果的。

選抜ルアー②
ハンクル「ザッガー 50B1」

- リング：#000#00 ダブルリング
- フック：カルティバ SBL-14 #7

特徴：リップの先端にウェイトが装着されたミノータイプ。デジ巻きで使用。全長が長めなのでボトムに藻がある展開でも埋もれづらい。

ステップアップ！

1 ボトムねらいで1投目からこのタイプのルアーを投入するアングラーが多いですが、ボトムの高活性魚を効率的に釣るのならばボトムクランクやメタルバイブレーションのスピード感のほうが圧倒的に速く効率的です。

2 ボトム攻略でしっかりとローテーションをする意識があるならばミノーカテゴリーは3手目、4手目あたりに登場するのがベストといえます。

3 大会のように長時間探る時間がない場合は「ベスト」ではなく「ベター」をねらう戦略として、ミノーを初手に入れることもアリ。

ミノーのシェイク巻き

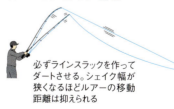

必ずラインスラックを作ってダートさせる。シェイク幅が狭くなるほどルアーの移動距離は抑えられる

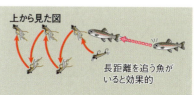

上から見た図　　長距離を追う魚がいると効果的

145

ただ巻き系と操作系の中間に位置するルアー

ただ巻きをベースとしつつ、アクセント的にアングラーが操作を加えていくタイプのルアーも存在します。既出のルアーたちで対応できないようなシチュエーションで使う飛び道具として、用意していないと釣り負ける展開がしばしばあります。

選抜ルアー①
シマノ「そことろ」
- リング：#00#0 ダブルリング
- フック：ヤリエ ST フック #8

特徴：一見するとシャロークランクですが、シンキング設定のボトムプラグ。ズル引きとシェイクを織り交ぜて使用し、ポーズ中のバイトも誘いやすい。藻が多い季節でもテールフックが隠れづらく、臆せず探れる強みがある。

選抜ルアー②
ダイワ「ダブルクラッチ60SHF」
- リング：#00#0 ダブルリング
- フック：ヤリエ ST フック #8

特徴：クランクのボトムノックよりも巻きテンポをスローにしたい場面で効果的。細長いシルエットなので目先を変える効果もある。時おりロッドアクションを加え、繰り返しボトムを小突くイメージで使用。

ボトムに適した実戦型フックとは

雄大プロがボトム攻略で主軸に据えるフックをご紹介。
フックによって釣果が大きく変わる釣りなので見逃せない情報です！

カルティバ
SBL-14

ボトム攻略のスローな展開で出番が多いフックです。バイトの際に魚の口にフックが残りやすく、深く刺さり込む絶妙な形状に設計されています

ヤリエ
ST フック

主にアングラーが掛けていくタイプの釣りで重宝するフックです。瞬間的に深く鋭く刺していける人気フック。

バリバス
キャンバスフック #7.5

メタルバイブのズル引きや、ボトムノッククランクのリアフックに搭載するキャンバス#7.5。バイトの瞬間に既に刺さってしまうような早掛け系セッティング。

\リングにも/
\こだわる/

フィールドハンター
ステンレス平打ちスプリットリング

バネが強く、隙間が空きにくい高品質リング。フック交換が多いボトム攻略ではリングにすらこだわりたいところです。

第3章 実釣テクニック

ボトム編
「寄せる色」と「食わす色」 ボトム的カラー考察

　理路整然としたボトム理論を持つ雄大プロは、やはりカラーに対しても論理的です。色によってバイト率がはっきりと変わるのがエリアトラウトフィッシングの面白さ。もちろんボトム攻略にもカラーパワーは適用されます。

伊藤　アピールカラーで寄せながらローテの締めは「クリア水質が緑系」、「マッディ水質が茶系」というエンドカラーになりやすいのはクランクやスプーンと同じ考え方でOKです。

　ルアーによって必要、不必要なカラーもありますが、おおまかには下写真の系統でカラーローテーションをする雄大プロ。スプーンのように多彩なカラーをローテーションするわけではありませんが、ボトム攻略ならではのローテ術となっています。

　定番の茶系をベースに何色を混ぜるか、グローなのかケイムラなのか、当日の魚たちが好むカラーを見つけるのが楽しさといえるでしょう！

各ルアーのカラーローテの目安

クランク
グロー系 → ブラウン系 → オリーブ系

ニョロ系クランク
オレンジ → グロー系 → オリーブ系

ボトムスプーン
茶色+パールやグロー → ブラウン系 → オリーブ系

メタルバイブ
シルバー → シルバーブラウン → ブラウン系 → オリーブ系

バイブレーションプラグ
茶色+グロー → ブラウン系 → オリーブ系 → 差し色で蛍光色やグロー

ボトムミノー
オレンジ → 茶色+グロー → ブラウン系 → オリーブ系

ボトム編

「ボトムを耕す」って何ですか？

　近年メディアやSNSで注目ワードとなっている「耕し」と言うメソッド。ボトムメソッドを繰り返していくうちに「魚が集まる＝食わせのフィールドが整う」ような意味合いで使われることが多いですが、皆さんはどう実感していますか？

　雄大プロからお話を聞いて、筆者自身は目から鱗だったこのテーマ。ボトムで釣れる「理屈」を「感覚」に落とし込める内容です！

伊藤　私は「耕しメソッド」は実在しないモノだと考えています。魚にプレッシャーを与えていない1投目が一番釣れるという考え方がベースとなっているからです。世間で言われているように、3〜4投目に釣れることは確かに多い。ですが、それは果たして場が暖まったからなのか？　と聞かれると外れているように思います。

　皆さんもバイトがない時に自然とアクションのリズムを変えたりポーズの間を変えたりしますよね？　1投目で反応がないと、2投目以降はリズムを変えて段々と当日の魚の好みにアジャストさせます。

　そして3〜4投目あたりで当日のパターンらしいものが掴めてくるはずです。それが5投であろうが10投であろうが「微調整して合わせていく」意識を持てばパターンへ近づくスピードはどんどん速まっていきます。

　そして魚がヒットする。ここが非常に重要です。

　水面で魚がヒットしてジャンプを繰り返すうちに、他の魚も集まって鱒ボールが起きることがありますよね？　ボトムでも同様に底付近でヒットした魚は砂ぼこりを上げて必死に抵抗します。そこで集まってくるのが「中高活性魚」です。つまりはイージーに釣りやすい魚が群れ固まるということ。この現象が投数を重ねる毎に右肩上がりでドンドン釣果が連発していく「耕し」のカラクリだと私は思っています。

　ただし、魚の定位するレンジとルアーの泳層が離れている場合は「耕し」という言葉がしっくりくる場面も存在します。例えばボトムちょい上に魚が定位している場合は、メタルバイブレーショ

第3章 実釣テクニック

ンやDSベビーバイブなどの強めのアクションで呼び込むことが可能です。

　いずれにせよ「耕し」を実感したいのなら、まずは最初の1尾をしっかりヒットさせ、バラさずに場を作っていく意識で取り組んでいくことが重要です。

　筆者も「なるほど！」と唸ったさすがのボトム理論でした！　すぐにでも実践したくなっちゃう考え方ですね。

【まとめ】
　ただ巻きか操作系かボトムルアー各種の適正な使い方を知り、フックの組み合わせからカラーチョイスまで明解な論理でボトムの釣りを展開している雄大プロ。ボトム攻略は厳寒期の釣りと思われがちですが、高水温期の夏場でも充分に楽しめるメソッドです。ハイシーズンの冬の渋〜い魚を連発させるために練習を積んでくださいね！

149

取材場所：静岡県 すそのフィッシングパーク

ミノー編

プロ「森田 純也」
プロ「蓬田 徹朗」の場合

PROFILE
森田純也（もりた・じゅんや）
ディスプラウト プロデューサー

蓬田徹朗（よもぎだ・てつろう）
ディスプラウト ディレクター

森田Pはマジックジャークを世に広めた立役者

蓬田さんはディスプラウドのヒットメーカー

第3章 実釣テクニック

> ミノー編
覚えれば釣果倍増のマジックジャーク！

「マジックジャーク」と呼ばれる浮上系ミノーを使ったメソッドは、その最大火力を活かした釣果で瞬く間に全国区のメソッドとなりました。高活性なトラウトをいかに釣っていくか？ 新しいカタチを世に広めた「イーグルプレイヤー50slim/GJ」(以下GJ)と言う存在。シーンを変えた開発者が語るマジックジャークの現在と未来について取材をしました。

「ジャンルを作った」と言わしめるルアーはエリアトラウトフィッシングの歴史を紐解いてもそう多くありません。エリアトラウトフィッシングにおけるミノーイングといえば、サクラマスやイワナなどの"色モノ"を釣るルアーでしかありませんでした。「ニジマスを釣る」と言うことだけにフォーカスされたミノーが乏しい中で、GJの開発はアングラーのスタイルを変貌させるほどの衝撃的でした。

それほどのインパクトを植え付けたマジックジャークを知っているようで知らない、できているようでできていない、そんなアングラーを成長させるヒントが本稿には隠れているかもしれません。

数々のトーナメントシーンでウィニングルアーとして輝いたGJ。マジックジャークは、「高活性魚は重めのスプーンで」と言う定説を塗り替えたといえる革新的なメソッドで、多くのトーナメンターが取り入れてきました。それに引っ張られるように一般アングラーへも普及し、現在では各社から浮上系ミノーが続々と発売されています。それでもまだ「何となくマジックジャークにトライしてるけどあんまり釣れない」と言うアングラーも数多く存在します。

ただ巻きだけで釣れるジャンルとは違い、アングラー側が操作して仕掛けていくマジックジャークはタックルセレクトや特化した考え方が必要となってきます。マジックジャークを確立し、第一線で変遷を感じて来た森田プロデューサーの哲学を余すところなくお聞きします！

スプーンとクランクが中心だったエリアトラウトフィッシングに革命をもたらしたマジックジャークミノー「イーグルプレイヤー50slim/GJ」

TACKLE DATA
タックルデータ

ロッド

　現在いくつかマジックジャーク専用のロッドが存在しますが、依然としてスタイルが確立されている最中のメソッドゆえ「コレ」と言えるロッドはアングラーによってまちまちと森田Pは話します。

森田　下方向にロッドを構えてアクションを付けていく都合上、5ft中盤から6ft前半までの長さが丁度よく、先調子でロッドアクションがルアー操作に直結するような曲がりが理想です。

　若いアングラーは反射神経があるから硬いロッドを好みがちだけど、僕のようなおじさんにはちょっとマイルドなロッドがよいですね。

　森田Pがそう話すように、アングラー側の身体能力を加味したピーキーさを選んでいくのが無難でしょう。

リール

　リールは基本2000番のハイギアが主流です。ノーマルギアは一巻きで60cm台がほとんど。ハイギアとなれば70〜80cmは巻き取れる計算となります。

森田　ロッド操作をしなくてもリーリングのみでスイッチを入れていけるハイギアリールはマジックジャークをするうえでのマストアイテムです！

　実際にノーマルギアとハイギアでリーリングジャークを比べてみると潜行スピードはもちろん、潜行姿勢もきれいに入っていくハイギアのほうが断然釣果がアップするのが分かります。テクニックをタックルで補うことがタックルセレクトの基本ですが、マジックジャークはたったこれだけでも釣果が変わるのだから取り入れない手はありません。

　ボトムタックルとミノータックルを共用すればハイギアを入れるメリットもさらに広がっていきますので、一度お手持ちのタックルの振り分けを見直してみて下さい。

　また、ハンドル長もちょっと長めのほうが操作性は向上します。45mmハンドルを取り入れるとさらに使い勝手が増してくるでしょう。

ライン

　エステルかPEかの2択でよいでしょう。マジックジャークの普及以降はPEによるラインプレッシャーで場が荒れやすくなっています。ボトムの釣りもそうですが、PEの糸鳴りや透過しないカラーはシビアな展開ほどデメリットになってくる場面が多いからです。

　魚に嫌がられにくいエステルラインが現代のマジックジャークにマッチしているのは間違いありません。太さは0.3〜0.4号、リーダーはフロロ0.6〜0.8号です。

森田Pのタックルは2000番のハイギアリールがセットされたマイルドな調子のロッドが主力。魚にプレッシャーを与えにくいエステルの有効性を説く

第3章 実釣テクニック

ルアー

　レイゲン、ザッガー、グリム、ダブルクラッチ、スティルとイーグルプレイヤー50slim/GJ以外にもマジックジャークを楽しめるミノーが現在は数多く存在します。高活性魚だけではなく、中活性から低活性まで追い掛けていく現代のマジックジャークではそれぞれのルアーの特性を掴んで投入していく機転が必要です。

　間違いなく言えることは「マジックジャーク専用」や「浮上系パターン」の記載がある専用ミノーをお選び頂きたいこと。特化した使い方をするメソッドなので専用ミノー以外だとかなりストレスが掛かります。

マジックジャークのしやすいミノーたち

フック

　GJには通常ヤリエ社のSTフック#10が装着されています。乱打戦でも強度のあるSTフックは高活性魚をねらう時に最適です。最近では低活性魚を掛かり優先でAGフックやMKシャープSSSでねらうアングラーもいます。活性に応じてフックチョイスをすれば取れる魚も増えていきます。

魚の活性に応じたフックセレクトもミノーイングの釣果アップのキモとなる

153

> ミノー編

実釣前に必ず行なう儀式

　これはミノーに限ったことではありませんが、特にシビアにやって頂きたいのはアイチューニングです。どんなに力量のある人でもアイが曲がったミノーでは釣果は半減以下となるでしょう。

アイチューナーは必ず持って行こう！

　ルアーをキャストし、ロッドを立てた状態で速巻きしてみて下さい。左右どちらかに傾いて泳いでいくルアーはありませんか？　これは釣りをする前にミノーやクランクで必ず試して欲しいチェック方法ですが、トゥルーチューンされていないルアーは本当に釣果が落ちるんですよね。
　高い品質を誇る国産の量産品でも個体ごとに誤差が生まれるのは仕方のないこ

スミス、ムカイの「アイチューナー」はエリアトラウトフィッシングの必需品です

とです。しっかりとチューンして神個体を生み出せるかどうかもアングラーの腕の見せ所です。

サイトマーカーで視認性を高める

　背中のカラーが地味なミノーには「サイトマーカー」を貼るのも忘れずに。
　マジックジャークは視覚に頼るメソッドです。いまミノーがどこにあるのか目視できることは大きなアドバンテージとなります。
　ちなみにアイチューニングをした後にマーカーを貼るとバランスが変わって真っすぐ泳がないことがあります。サイトマーカーを貼った後にアイチューニングする順番をお忘れなく。

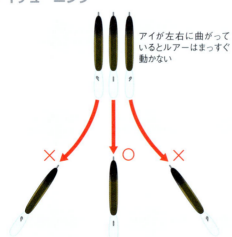

アイチューニング

アイが左右に曲がっているとルアーはまっすぐ動かない

第3章 実釣テクニック

視認性を高めるために背中にマーカーを貼ったGJ

ドラグセッティングって一体どれくらい??

アクションの度に「ジッ！ ジッ！ジッ！」とドラグが出て行くマジックジャーク。最初に見た時はまるでエギングみたいなメソッドだと感じたものです。

そもそも何故マジックジャークでは一際ドラグ値を落とすかといえば次の2点の意味があります。

1　真下にミノーを先行させるため受けた水圧をドラグで逃がす。
2　バイトを瞬間的にフッキングしていく時のクッション効果を高める。

通常の強さでセッティングをしてしまうと、ついラインブレイクなんてことも増えてきますので、イメージ的にはちょっと緩めが無難ですね。とはいえオフショアと違い、実際に釣り場にドラグチェッカーを携帯しているアングラーは少ないです。具体的に何kgのドラグ値といっても説明するのは難しい。

イメージとしてはリーリングジャークではドラグは出ず、ロッドジャークでドラグが作動するくらいのイメージで設定してみて下さい。

まるでエギングのようにゆるゆるのドラグでミノーをジャークするのは、2つの意味がある

> ミノー編

「構え」だけで釣果が伸びるマジックジャークのフォームとは？

　使い手によって一概にはいえませんが、森田Pの教えでなるほどと思ったフォームのお話です。

森田　マジックジャークをする際にロッドを下方向に向けてロッドアクションを加えていくのはイメージできると思いますが、ジャークした時にルアーが真下ではなく左右にブレてしまうことがありませんか？　左右にブレてしまうと魚に見切られることも多く「しっかりとアイチューニングしたのに何でだよ」と思うでしょう。

　ぜひ一度ティップを水中に付けてアクションしてみてください。するとブレずにミノーが動きます。

　私は今まで空中でロッドアクションをしていましたが、ティップを水中に突っ込んでアクションさせたほうが断然釣果が伸びました。ティップを空中に出すと無駄なイトフケが出やすくなる。イトがフケている状態のアクションはルアーの左右ブレが生じる原因になります。

　水中にティップとラインを入れてしまえば無駄なイトフケは出ず、ミノーもきれいな潜行＆浮上を繰り返してくれます。何度も言いますが、「ミノーをきれいに真下に潜らせてきれいに浮上させる」のがマジックジャークの第一ステップです！

空中でのアクションは無駄にイトフケが出るためエラーアクションが生じやすい

ティップを水の中に入れてアクションするとフケが出にくい

ティップを水中に突っ込んで操作するだけできれいにミノーが動くようになる

第3章 実釣テクニック

マジックジャークの初手とは如何に？

まずは高活性な魚がどこにいるのかを探す序盤です。森田Pは1ジャークで潜らせて浮かせることを1セットに単純なアクションで表層の魚にアプローチしていきます。その際「沖」「真ん中」「手前」とキャスト範囲を三分割してどのポジションの魚が一番反応するかも目視で探します。マジックジャークは水質やレンジにもよりますが、サイトフィッシングが楽しめる釣りです。視覚の情報を最大限に活かせば正解への近道が発見できるはずです。

目の前のポイントを3分割してとらえマジックジャークに反応する魚を探していく

地の高活性魚をGJでねらう森田Pのカラーローテーション

視認性が高いハイアピールなゴールドアークから入り、イージーな高活性魚をひたすら釣りまくり、次にフラッシングを嫌い始めた魚を蛍光のオレダクションで釣っていく。そして最後はメタパーツのフラッシングでリアクションねらいというのがセオリーだそうです。

マジックジャークは目視できる分、魚の活性を目で見て判断できるメリットがあります。魚の反応を見逃さずカラーローテーションをすれば高活性→中活性→低活性まで追い掛けていけるのが強みです。

表層の魚が反応しなくなっても中層や手前のブレイクにはしっかりと活性の残った魚がいる場合も多いです。レンジ感を意識してやってみて下さい。

ちなみに当日放流魚をGJでねらっていく場合は、魚を寄せられるメタパーツが最強とのこと。同じ高活性魚でも「放流魚」をねらうのか「残存魚」をねらうのかでも攻略が変わってくるのはスプーンと同じですね。

森田Pのカラーローテの一例。左からゴールドアーク→オレダクション→メタパーツ

157

> ミノー編

「逃がし」の
テクニックを習得せよ！

　よくトーナメンターが使う「逃がし」と呼ばれるテクニックをご存じですか？ 簡単に言えばより強い本バイトを出すための魚の活性を上げるテクニックです。これを覚えていくとバイトの数もキャッチ率も大きく向上すると思います。

　マジックジャークをして魚が追尾してくるものの距離がなかなか縮まらず結局バイトをせずに帰ってしまう。この魚が実は「食う魚」だったら皆さんはどうしますか？　当然釣果も大きく伸びます。マジックジャークの上手な人は、実はそういう小難しい魚のバイトもしっかりと引き出せています。

　そこで必要になってくるのが「逃がし」です。マジックジャークで釣果を上げるキモは逃がしと言っても過言ではありません。具体的に何かといえば「魚の目線から一瞬でルアーを真下に消す」ということ。ニジマスは左右、そして上方向の急激な動きには反応しやすいですが、瞬間的に下方向に逃げるとルアーを見失うことが多いのです。その習性を利用して一度目線からルアーを消してあげる。「どこいった!?」と探していると、いきなり浮上してきたミノーをたまらず食い上げるのがマジックジャークのバイト原理となります。この「ちょっと食い気のない魚」の目線からルアーを消して探させる＝活性を上げるのが逃がしの全貌です。

マジックジャーク

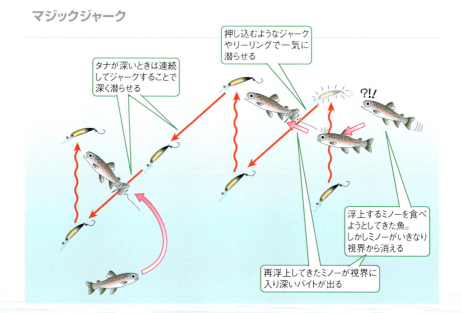

158　エリアトラウト独習法

第3章 実釣テクニック

ただ実際に逃がしのテクニックを行なうには結構な勇気がいるのも事実。なぜならチェイスをしている、バイトをしようとしている魚に対しルアーを消していくわけです。下手なことをすれば釣れる魚をみすみす逃すことにもなりかねません。なので覚悟して普段どれだけ逃がしを練習できるかに掛かっています。

ちなみに森田Pはチェイスしてくる魚に対してのみ逃がしを行なうのではなく、一瞬目線をルアーに向けた魚に対しても果敢に逃がしを使っていました。チェイスした魚は一度完全にルアーを見ています。そうではなく一瞬興味を持った個体がいたら瞬時に逃がす。そこからの反応を見て食わせのプロセスを考えながら仕掛けていく。

マジックジャークならではの視覚に頼った逃がしのテクニック、奥が深いです！ そして森田Pは「逃がしのテクニックはスプーンやクランクでも充分に応用ができる」と言います。

同じようなルアーを投げているのに、やたらと深いバイトを出すアングラーを釣り場で見掛けます。スプーンをただ巻きしているように見えるのに明らかにこちらよりも釣っている上級者。実はその人たちもロッド角度やリーリング速度でスプーンのレンジをちょっとずつ変えていってるのかもしれません。

これらはマジックジャークとは異なる「逃がしのテクニック」になります。意識すると見えてくる世界があるかもしれません！

ミノー編
カラーから考える マジックジャークの根底

「カラーによって釣果が変わる」だからエリアトラウトフィッシングがここまでのブームになったと言っても過言ではありません。同じルアーであってもカラーが違うだけで釣果は雲泥の差となります。

ミノーにおいてベースカラーの考え方はスプーンや他のプラグと同じでよいと思います。が、マジックジャーク系のミノーはなぜお尻が黒いのか分かりますか？

筆者も森田Pも同じ結論に達したのですが、マジックジャークに反応する魚は「ペレット」そして「ハッチする虫」を捕食している魚です。エリアに放流されている

テールが黒いのが特徴であるマジックジャークミノー

のは幼魚からペレット（人工飼料）を食べて成長しており、エリアトラウトフィッシングにおけるマッチ・ザ・ベイトはペレットとなります。

近年のペレットはシンキングペレットが少なく、着水時にペレットの重みで一旦沈み、そこから水面に浮上するタイプのペレットが大半となります。なので目の前から浮上するミノーに好反応を示し、テールの黒はペレットを模しているのです。

ハッチする虫もまた羽化して浮上する動きを見せます。色も黒です。ペレットを撒いている釣り場と虫がハッチする釣り場は、マジックジャークがエリアトラウトの本能に訴えると言ってよいでしょう。そして本能を刺激する釣りだとすれば、高活性魚のみならず低活性魚にも効くアプローチになるのです。

低活性魚をねらうマジックジャーク

マジックジャークで高活性魚をねらうアングラーが増えるにつれ、低活性魚もマジックジャークで追い掛け始めるアングラーが増えてきました。
「低活性までマジックジャークでやらなくてもよくない？」
と思われるアングラーも多いかもしれ

近年人気が急上昇のスミス「スティルT2」

マジックジャークとはペレットとハッチする虫の動きを意識した釣り方です

ませんが、追いの悪い低活性魚にルアーとの距離を詰めさせるにはポーズを入れられるマジックジャークは実は適したメソッドに成り得ます。

スミス「スティルT2」でも高活性魚は釣れますが、どちらかと言えば中活性〜低活性が得意な若干ローアピールなテイストです。GJよりも潜行時のアピールが弱く、ゆっくりと浮上するために活性の落ちた魚もスピードに付いて来れるような設定なのです。アクションもロッド操作を加えた強いジャークではなく、リーリングジャークで丁寧にスローに誘うのが効果的です。浮上中に食い切らなくても、水面まで浮上させ切った後のポーズで食ってくる場面も多く、厳寒期の食い気はあるけど速く追えない魚に非常に効果があります。

GJ一強の時代から、高活性獲りにもラトルINの「レイゲン」が出現するなどマジックジャークミノーは多彩な色合いを見せてアングラーが選べる時代が到来しています。思い思いのスタイルで進化するマジックジャーク戦線の行きつく先はどんな未来があるのでしょうか？

第3章 実釣テクニック

ミノー編
開発者が語るマジックジャークとこれからの展望

　筆者が記憶するにGJが発売された頃のエリアトラウトシーンはそれほどマジックジャークを求めている時代ではなかったと思います。このメソッドの発端はジャクソン社「トラウトチューンDEEP」を使って現アンデッドファクトリー代表の水間氏がトーナメントシーンで活躍したのを機に認知されました。

　一部のアングラーがそれからマジックジャークを取り入れ始めたものの、一般アングラーにまで普及はしていなかった。そんな中で森田Pがマジックジャーク専用ミノーの開発に着手したのは、ある大会で対戦者のマジックジャークに大敗を喫したからだそうです。

森田　もうボッコボコに釣られちゃって、他のルアーでは絶対追い付けない差で負けました（笑）。

　トーナメントにありがちな「そのルアー持っていないと死ぬ」ってやつですね。ここまで太刀打ちできないほどの差がついてしまうマジックジャークって一体……。惨敗した大会の帰り道から、マジックジャーク専用ミノーの構想が始まったそうです。

森田　まず目指したのは大会で大敗した「ザッガー50F1」。未だに愛用者の多い名作ミノーです。

　ですがあのポテンシャルを超えるサンプルがどうしてもできない時期が一年半以上。細身のボディで高浮力を生み出すのはエラーの連続だったそうです。ちょっとよいアクションのサンプルができればザッガー使いと勝負して敗戦。そんなテスト期間を経て、森田Pは自分だけの知見でルアーを開発するのではなく、いろんなアングラーのアイデアを取り入れる開発の仕方にシフトしました。

　そこで生まれたのは名作「ザッガー50F1」とはまた違うタイプのハイフロートミノーでした。高浮力を得たことによるアクションレスポンスの向上はさらなる操作性と、高活性魚をイージーに釣れるミノーへ昇華しました。

最初に目指したミノーは「ザッガー50F1」

161

苦節約3年。シーンを席巻するマジックジャークミノーを生み出した森田Pが感じるこれからのマジックジャークとは？

森田 今まで表層の高活性魚を取るためのプラグといえば「デカミッツ」を代表する表層系クランクが主力でした。その表層高活性を一手にねらえる浮上系ミノーの登場はトーナメンターのスタイルを変えたと言ってもよいと思います。

ブームになる前は「こんなのエリアフィッシングじゃない」と敬遠されたこともありましたが、釣れる＝正義のトーナメンターたちが早い段階で取り入れてくれたおかげで一般アングラーまで広く普及できたと感じています。

そして近年はトーナメンターだけでなく一般アングラーまで高レベルでマジックジャークが実践できるようになり、昔のようにイージーではなくなりました（笑）ですが、イージーに釣れる高活性魚が減っただけで、マジックジャークのポテンシャルが低下したわけではありません。これからはさらにタックルの細分化が進み、ミノーやフックの選択肢が増えてアジャストしやすい時代になるでしょう。

ですが、最大火力を引き出せるメソッドはいずれ滅ぶのがかつての流れです。また表層クランクで高活性魚が釣れまくる時代になるのか、それとも新しいメソッドが開発されていくのか。それを追い求めるのがアングラーの楽しみですし、それをルアーとして形作っていくのがメーカーとしての使命でもあります。

ディスプラウトの理念はトーナメントで勝つことではなく、まずは皆さんと同じく「楽しむ！」がモットーです！ 皆さんを楽しませつつ、僕たちも楽しんで釣れるルアーを作っていきたいと思います！

【まとめ】

筆者もこの取材を通じてマジックジャークの楽しみをさらに見つけることができました。操って仕掛ける釣りはやっぱり楽しい！ 特にバスフィッシングからエリアトラウトを始めたアングラーも親和性があって取り入れやすいと思います。巻きの釣りを極めつつ、こういった火力のある釣りを覚えて数を伸ばしていってくださいね。

マジックジャークが急速に広まり、魚はアクションを覚え始めている。日々学習しているトラウトにアジャストするのがエリアの面白さでルアー開発のやりがいと語る

取材場所：群馬県 川場フィッシングプラザ

縦釣り編
プロ「霜出 朋言」の場合

PROFILE

霜出 朋言（しもで・とものり）
12月11日生まれ

ロブルアー プロスタッフ
ティムコ フィールドスタッフ

戦績

・第14回 バベル王者決定戦　優勝
・第2回 バベルキング選手権　優勝
・第3回 バベルキング選手権　優勝
・第4回 バベルキング選手権　優勝

164　エリアトラウト独習法

第3章 実釣テクニック

> 縦釣り編

「使用禁止」になるほどの 異次元の釣獲力

フロントフック仕様のスプーンを使う「縦釣り」。

圧倒的な釣果が期待できるメソッドをさらにポピュラーなジャンルとして確立したシモキンこと霜出朋言さん。この「縦釣り」というジャンルは、フロントフック仕様のスプーンを駆使して「フォール中」のバイトを果敢に掛けていくメソッドを呼びます。

シモキンさんは「巻きバベル」と呼ばれる従来の縦方向だけのアプローチではなく、横、斜め方向の巻きでの釣りを確立した人気アングラーです。「縦×横×斜め」の縦横無尽な新時代の縦釣りを提唱しています。スプーンやクランク（巻き＝横の釣り）しかやらなかったアングラーたちにフロントフックの釣りを普及した第一人者としてメディアでも大活躍。ここではアングラーのスタイルをも一変させた新時代の縦釣りを丸ごとレクチャーして頂きます！

まず初めにチェックしなければならない超重要な情報としてフロントフック仕様のスプーンはレギュレーションにより使用が禁止されている釣り場がいくつか存在します。

フックスリットにハリの軸が収まる設計がほどこされたバベコン・ジャイアント。トラウトが思わず食いつくシルエットです

『ルアーの全長が18mm以下使用禁止』
という釣り場では縦釣りスプーンが抵触することがあります。レギュレーションに従いご使用下さいますようによろしくお願いします。

何故そんなルールが生まれたかといえば「釣れ過ぎてしまう」からにほかなりません。
「ペレットを模しているから」
「単純にサイズが小さいから」
「フロントフックなのでフッキング率がいいから」

縦釣りルアーだからこその釣果は良くも悪くも目立ってしまうことがあります。しかし「縦釣りだからイージーに釣れるのか？」と聞かれれば、それはイメージが先行し過ぎているとシモキンさんは語ります。

正しいセッティングに正しい釣り方を理解することが爆釣に繋がる第一歩。知れば知るほど縦釣りの悪魔的な魅力に取り込まれていくでしょう。まずはより釣れるための正しいタックルセッティングからご紹介頂きましょう！

魚に飲み込まれた時のダメージが大きいとされることもある縦釣り系ルアーだが、テンションをコントロールしていればきれいに口先にフッキングする

165

TACKLE DATA
タックルデータ

シモキンさんのタックルはPEラインが巻かれた2000番リール（ノーマルギア）に先調子のロッドを組み合わせる

【ロッド】

ベニャベニャのトラウトロッドよりも張りがある先調子のロッドが適しています。コツンと手もとに感じるバイトをバシッ！と掛けていくには先調子のロッドが一番です。近年では縦釣り専用ロッドも発売されていますが、先調子で硬めの汎用トラウトロッドやアジングロッドで代用するアングラーも多いですね。

5ft後半から6ft半ばの長さから、釣り場の規模感や使いたいコンセプトに合わせて選んでいくとよいでしょう。

【リール】

2000～2500番を愛用するアングラーが多いですが、最近は2000番クラスに統一している人が増えているように感じます。縦釣りタックルに固定させず、縦メインでたまにボトムやミノーもしたいというオールラウンドなセッティングにしたいのならば2000番がおすすめです。基本的にはデッドスローな展開が多いのでギア比はノーマルが適切だと感じます。

【ライン】

シモキンさんのすべてのタックルは基本的にPEラインで統一しています。伸びが限りなく少ないPEはとにかく感度に優れていますし、手もとに伝わる情報量が段違いに多いです。0.1～0.3号まで熟練度やノットの強度に応じて段々と細くしていくと釣果が伸びていくと思います。

エステルラインも近年多用するアングラーが増えています。直線強力や根ズレ耐性ではPEに劣るものの、魚に見えにくいというステルス性能は魚たちがスレてきたタイミングでは釣果が如実に変わってきます。このため適材適所で取り入れてもよいと思います。なおフロロカーボンは沈み過ぎ、ナイロンは伸びて感度がない。このため縦釣りには不向きとされています。

その1

- ロッド：ロブルアー ケーニッヒ スネーカー
- リール：シマノ ヴァンキッシュ 1000SSS PG
- ハンドル：ドライブ エアーステア 33mm
- ハンドルノブ：シンエイファクトリー クリートノブ
- ライン：バリバス PE 0.15号
- リーダー：シーガー フロロ 0.5号

その2

- ロッド：ロブルアー ケーニッヒ レザボア
- リール：シマノ ヴァンキッシュ C2000S
- ハンドル：エヴォメタル 35mm
- ハンドルノブ：エヴォメタル メタノブ14
- ライン：バリバス PE0.2号
- リーダー：シーガー フロロ 0.6号

その2

- ロッド：ロブルアー ケーニッヒ スネーカー
- リール：シマノ ヴァンキッシュ 1000SSS PG
- ハンドル：エヴォメタル メタノブ14
- ライン：バリバス PE0.2号
- リーダー：バリバス フロロ 0.6号

第3章 実釣テクニック

【ルアー】

フロントフック仕様のスプーンはロブルアーのバベルを皮切りに、現在では各社からたくさんの種類が発売されています。成熟した感のある縦釣りですが「巻きバベル」の出現によって、さらなる広がりを見せてくれそうです。

各社の縦釣りスプーン

ロブルアー「バベル」シリーズ

フロントフックのパイオニアであるバベルシリーズ。用途ごとに細分化された非常に充実したラインナップが魅力です。ボトムバンプ特化型から巻き対応のモデルまで網羅されています。

neoSTYLE「NST」シリーズ

カリスマアングラーのneo氏が監修するスプーンは大人気。縦釣りジャンルを長く牽引してくれているブランドです。スプーンは金属製と樹脂製、専用ロッドまでアイテムを揃えた縦釣りの総合ブランドです。

ティモン「ブング」シリーズ

主にトーナメントシーンで活躍するブング。樹脂製の縦釣りスプーンを発売した草分け的存在でもあります。フォールとボトムでの使用に特化した食わせ力抜群のルアーです。

ロデオクラフト「チャチャ」シリーズ

エリアトラウトブランドの中で大人気のロデオも縦釣りスプーンを発売しています。ペレットパターンやフォール・ボトムバンプで使いやすいシリーズ。小規模ポンドから大規模ポンドまで選べるウェイト設定が魅力です。

ヴァルケイン「サークル」シリーズ

トーナメントシーンで人気なのがサークルです。幅広いウェイト設定とボトムにマッチしたカラー展開が魅力のシリーズ。ズル引きやバンプでも使える多彩な使い勝手で人気を高めました。

ゴッドハンズ「エグザ」シリーズ

フォールやボトムでの縦釣りから巻き対応のスプーンまで幅広くラインナップしているエグザシリーズはコアなファンが多いシークレット的ルアーです。

ご紹介したシリーズだけでもかなり膨大な商品点数ですが、このほかにもアンダーグラウンドで人気のルアーはたくさんあります。それぞれが特化した性能を秘めているので、お手持ちのルアーをマスターしてきたら段々と種類を増やして攻め手の隙間を埋めて欲しいです。

縦釣り編

初歩にして奥義である基本セッティング！

　タックルが分かったところで、いざ実釣！　と行きたいところですが、釣りをする前から一番やっちゃいけないセッティングをしているアングラーが実はたくさんいます。通常のスプーンやプラグのように、縦釣りスプーンをスナップで接続している人はいませんか？

　スナップで接続すると確かにルアーローテが楽になります。その反面、フックの自由度が高くなり過ぎてフッキング率が露骨に悪くなるデメリットがあります。バイトがあるのに掛からないことほど無駄なことはありません。「できれば直結にして」というお願いベースではなく「絶対に直結にして下さい」と強くアドバイスしたい大事な要素です。

穴の開いたバベルエース。スプリットリングに直結していることに注目！

　面倒ですがリングに直結するとラインが常に立った状態をキープします。当然ルアーチェンジの際は一回一回ラインを切って結ぶ作業が発生しますが、縦

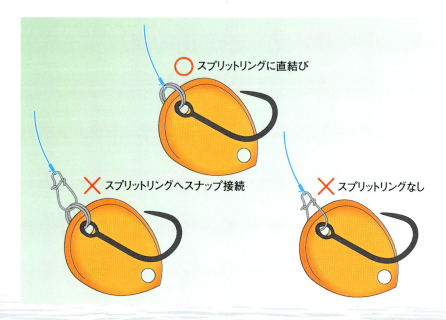

○ スプリットリングに直結び
✕ スプリットリングへスナップ接続
✕ スプリットリングなし

168　エリアトラウト独習法

第3章 実釣テクニック

釣りは数が釣れるメソッドです。この作業によって傷んだラインをカットし、ラインブレイクによるルアーロストを大幅に減らしてくれるのです！

ラインカットは
ギリギリを攻めよう

シモキンさんはリーダーやリングの結束の際、ラインのヒゲ部分をギリギリまで攻めてカットしています。余分なヒゲの部分にゴミや藻が付着すると、テキ面に魚のバイトが減ってしまいます。ノットの締め込みが甘いと抜けることもありますので段々と短くすることをオススメしますが、こういった小さな工夫の積み重ねが釣果を伸ばす秘訣だったりするのです。

ヒゲは極力残さずにカットします

セッティングがしっかりできてこそのフッキング。
バシッとアワセが決まった時の快感ときたらない

[縦釣り編]
サーチと食わせの違いを意識することが第一歩！

適正なタックルが整ったところでいよいよ実釣開始！「ルアー力」がある釣りなので誰でも割とイージーに最初の1尾は釣れてしまうかもしれませんが、大事なのは「釣れた」ではなく「ねらった魚を釣る」ことだとシモキンさんは語ります。事故的な1尾ではなく、ねらって釣った魚であれば次のキャストで再現ができます。シモキンさんが考える「サーチ」、そして「食わせ」とは何でしょう？

縦（フォール）でレンジをサーチするシモキンさん

霜出　まずは魚のコンディションを判断するために「縦」と「巻き」を使ってサーチします。ここで重要なのは「フォール（縦）に反応する魚」が多いのか、「巻き展開（横）で反応する魚」が多いのかをしっかり見極めることです。そして反応する「レンジ」を段々と絞り込んでいきます。

スプーンでもクランクでもレンジ感や

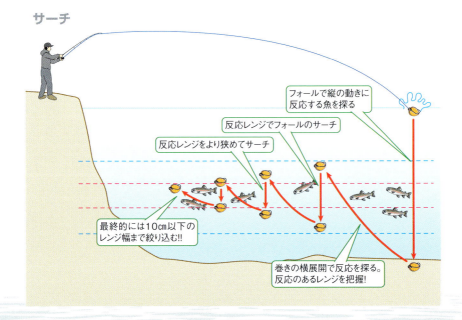

170　エリアトラウト独習法

第3章 実釣テクニック

スピード感を絞り込む作業を初手から行なっていきますが、それに加えて縦釣りは「縦（フォール）」の要素が追加されるイメージです。ルアーは「バベルA」0.7gや「バベルWZ」1.2gで速めの展開から絞り込んでいくとよいでしょう。仮にヒットがなくてもバイトや触りがあれば魚のレンジを掴むことは可能です。

そうして魚の反応しやすいアクションやレンジを絞り込んでいき、最終的にはレンジを10cm前後まで絞り込めれば、最終的にはそのレンジを巻きバベルで重点的に釣っていけばよいのです。

質のよいサーチができればその後の展開が楽になるということですね！

レンジが定まったら巻きの釣りも展開していく

縦釣りでも大事な カラーローテーション術！

御多分に漏れず縦釣りでもカラーローテは重要です。
色調を強めから弱めに持っていくのは縦釣りも同様です。

■ 基本のローテ

蛍光→グロー系→暖色系のローテをベースに、サーチする中で見つけた魚の好みで明滅要素を入れたり、飛ばしでシルエットをぼかしたりアクセントを入れると効果的です

■ 高活性魚のパターン

こういったメッキ系のカラーは縦釣りではポピュラーではありません。しかし放流魚や高活性魚が偏食する場面も多く「持っていないと負ける」カラーでもあります。先入観にとらわれず、ある程度の幅は用意しておきたいところです

171

[縦釣り編]
中間フォールを身につける

　一口に「縦(フォール)で誘う」と言っても、上級者の精度は非常に高いものがあります。
　フォールにはそれ自体に食わせのアクションが備わっており、魚を呼び込んでもくれます。フォールで追尾させ、その後の巻きで食わせる場面が非常に多く存在しますが、それも魅力的なフォールができているか否かで釣果に雲泥の差が生まれてしまうのです。
　フォールは大きく分けると「フリーフォール」と「テンションフォール」の2つが存在します。

・フリーフォール
　ラインのテンションを張らずにス〜っと真下にルアーを落としていきます。自然なフォールアクションとなる一方、魚のバイトが感じられにくいデメリットがあります。

・テンションフォール
　ラインを張った状態でフォールさせるためバイトは手で感じ取れます。手感度が生まれる一方、手前方向にカーブフォールするために自然なアクションとはなりません。

　シモキンさんはフリーフォールとテンションフォールの中間となるようなラインを張らず緩めず行なう「中間フォール」をマスターすると釣果が一気に倍増すると話します。

霜出　慣れていくにつれ、段々とフリーフォールに近づける感覚で中間フォールの精度を上げていくと釣れる魚が一気に増えていきますよ！

　これぞ「縦」と「横」の縦の部分の奥義的メソッドです！

フリーフォール(ベールをオープンにしたまま)

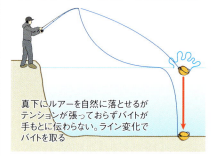

真下にルアーを自然に落とせるがテンションが張っておらずバイトが手もとに伝わらない。ライン変化でバイトを取る

カーブフォール(ベールを返してフォール)

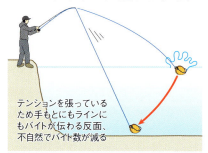

テンションを張っているため手もとにもラインにもバイトが伝わる反面、不自然でバイト数が減る

中間フォール(ベールを返してフォール)

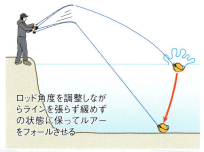

ロッド角度を調整しながらラインを張らず緩めずの状態に保ってルアーをフォールさせる

第3章 実釣テクニック

テンションを抜き過ぎず張り過ぎない「中間フォール」を身に付ければ釣果は倍増していく。ロッドアクションはあくまでアクセント程度。やりすぎないことが肝心だ

ロッドアクションは付ける？ 付けない？

いわゆる巻きの釣りと同じく、基本的にはロッドアクションは付けないのが縦釣り。ルアー自体が持つアクションでじっくりとデッドスローで探っていくのが一番釣れるとシモキンさんも断言します。その中で時おり行なうロッドアクションの理由と効果は？

・タップ

指先でグリップやバット部分をトントンと叩く。

ルアー自体のバランスを一瞬揺らし、バイトのタイミングを与えるためのメソッド。ただ巻きでバイトがあるのなら必要はありません。

・フリップ

ロッド操作で上方向に10cmほど鋭くリフトさせる。

軌道変化でバイトを誘発させる目的と、魚を集魚させる目的があります。やり過ぎはスレるだけ。ここぞという場面で単発的に使うと効果大。

・トゥイッチ

ロッド操作で横方向に数回トントンとアクションさせる。

レンジをズラさずにルアーのバランスを崩させ、集魚と食わせのスイッチを入れる強めの誘い。レンジが絞り込めた状態から魚にスイッチを入れていく応用的アクションです。

ロッドアクションを付けないで食わせられればベストです。食い気のない魚にスイッチを入れる動作は時として逆効果になるからです。

「ハマった時は爆発的な効果があるけどハマらなければ逆効果」

この点はしっかり頭に入れて導入してみて下さい。

フォール中の「バベル・WZ」。その揺らめきは多くのトラウトを惑わす

縦釣り編
ボトムメソッドをマスターしよう

低水温期などで魚がボトムに溜まり、表層や中層が釣れない場面がしばしばあります。そんな時に覚えておきたいのがボトムメソッドです。

スプーンをしっかりとボトムにタッチさせ、ステイ中の拾い食いもねらえるボトムメソッドはビギナーさんでもエントリーしやすいジャンルです。

・バンピング

ロッドを縦方向で一定のリズムでトントンとシェイクするイメージです。ルアーはボトムから浮き上がり過ぎないようヘビーウェイトを使えるのもメリット。沖のサオ抜けもねらいやすく、釣りのリズムも速いのでサーチ的に使える利点もあります。

・リフト＆フォール

20cmほどリフトさせて着底後に数秒ステイ。フォール中とステイ中にバイトが集中します。手もとではなくラインにしかバイトが出ない場合もあるので視認性の高いラインを推奨します。追い気のない魚にルアーとの距離を詰めさせやすいメソッドです。

・ズル引き

巻きバベルをボトムズル引きで使うイメージ。魚がボトムに溜まっている状態で静かに1尾ずつ釣っていけるので場も荒れにくく、長続きしやすいメソッドです。ボトムメソッドの中では一番ローアピールで食わせの展開に適しています。

実はこれらのボトムメソッドをシモキンさんは使いません（笑）。筆者はよく使うのですが、渋いボトム展開の時もシモキンさんは巻きバベルで釣り勝ってしまいます。多彩な縦釣りメソッドの中のひとつとして覚えておいて損はないと思います！

バンピング

ロッド操作で5cmほどのリフトを繰り返す。
一定のリズムでアクションするのがキモ！
ルアーをボトムから離しすぎると釣れません

リフト＆フォール

30〜60cmほどのイメージでロッドを上下してルアーをリフトする。フォール中と着底時にバイトが集中するので集中して掛けていく！
リフト＆フォールも一定のリズムが効果的です

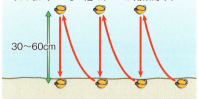

ズル引き

ボトムからルアーを離さずリトリーブ。
低活性の魚を釣るときに効果的！
スプーンの巻きをボトムでやるイメージ。
柔らかめのロッドで乗せる感じがGood！

第3章 実釣テクニック

縦釣り編
当日放流魚は釣れるのか？

ペレットを撒いている釣り場で鱒ボールは起こりやすい
※写真はイメージ

縦釣りの大会でもない限りは普通にウォブリング系の2gスプーンを巻けばよいと思いますが「今日は縦釣りオンリーで挑む！」と決めた日の放流対策とは。

霜出 そもそも放流魚は速いスピード域で強めのアクションを好む場合がほとんどです。縦（フォール）でも横（巻き）でも速いアクションを好みます。ロブルアーで言えば「バベコンジャイアント」2.5gや「バベコン」1.1g、「バベルWZ」1.2gであればそれほど遜色なくヒットを重ねることができるでしょう。

ただしトゥイッチなどのロッド操作で**集魚するテクニックは必須**だと思います。

筆者としては適材適所でいろんなルアーを使って欲しいので当日放流の高活性な展開であれば巻きの通常スプーンで釣ることを推奨します。

大興奮の鱒ボールを攻略せよ！

ヒットを連続していると、水面でニジマスが群れてナブラ状態になることがありませんか？　通称「鱒ボール」と言われるこの現象は、ペレットを撒いている釣り場ほど起こりやすい傾向にあります。集まっているのは完全に高活性魚ばかりで、怒涛の連発モードとなることも珍しくありません。

軽量（0.2g〜1.0g）ほどのペレットカラーのスプーンを鱒ボールの中に直撃するとバイトが連続しますが、超高活性魚なのでスレ掛かりが増えるケースがあります。そんな時は「よい口掛かりのバイト」を選んで釣るために、あえてフッキングせずに向こうアワセをすると無用なエラーフッキングを防ぐことが可能です。

そしてそんな大興奮の鱒ボールを自分で作れるケースがあるのをご存じですか？
「ド表層に魚のスクールが多い時」
「ド表層をトレースするルアーに複数尾が反応する時」

そんな時は水面を割るようにスプーンを連続でシェイク巻きするとニジマスが奪い合うようにバイトしてくる場合があります。確変に突入することが多く、ヒットさせた魚を派手にジャンプさせるようにファイトしていると一気に鱒ボールが発生します。ヒットさせた魚は手返しよくリリースして、活性の残るボールに対して再度アプローチできれば確変モードとなるでしょう！

注意すべきは隣の釣り人がヒットさせると鱒ボール自体が移動してしまうことです。

鱒ボールの奪い合いは精度と手返しが要求されることです。せっかく育て上げた鱒ボールを取られないように頑張りましょう。

175

> 縦釣り編

釣れれば釣れるほど
フックはシビアになる

　数が釣れるメソッドだからこそハリ先の消耗が激しいのは頭で理解しているはず。ですがバイトが掛からなくても次で掛ければよいとおざなりになってしまいやすいのが縦釣りです。

　ハリ先を爪に立てて滑るようならば即交換なのはどの釣りも一緒です。形状やサイズにこだわる前にフックのコンディションを常に気にする心の余裕を身に付けましょう。

　シモキンさんは状況に応じていくつかのフックを使い分けていました。

ロブルアー「ラッシュフックα」
バベルに標準装備されている非常にバランスの取れたフック。特化した状況でなければ基本的にはラッシュフックで釣りを続けます。

ヤリエ「AGフック」
ラッシュフックを細軸化したようなイメージで使うAGフック。弱々しいバイトで掛け切れない展開で使用する切り札的存在。

ヴァンフック「SP-11F」
名作SPシリーズの中でも一番細軸なSP-11Fの10番を使用。バベルA1.1gやWZ1.2gをロッド上段に構えて立ち泳ぎさせる展開でフッキング率が抜群です。

バリバス「キャンバスフック」#8.6
バベルA0.4gをフリーフォール展開で使う時にハリ残りが抜群によいフック。マイクロスプーンやマイクロクランクにも万能に使えます。

　バイトの質に応じてフックを使い分けるのは縦釣りでも同じ。いたずらに種類を増やすのではなく、フックの特性を見極めたうえで適材適所に使い分けると初めて効果が実感できると思います。

　まずは「ハリ先は命」という意識を擦り込みましょう！

第3章 実釣テクニック

> 縦釣り編

シモキン流「縦釣り」への想い

　取材を通じて筆者が感じたのは「この人は縦とか巻きとかの垣根がないんだな」ということ。フロントフックのスプーンを使う釣りをメインに楽しみながら、近年ではプラグや巻きスプーンも平気で使います。

　エリアトラウトフィッシングを本人も貪欲に楽しんでいるのが非常に印象的です。縦釣りは一部の釣り人から「あんなの釣れて当たり前」とか「エサ釣り」と揶揄されることが非常に多いと筆者も感じます。そんな声にも「食べず嫌いしないで！」とシモキンさんは明るく話します。

霜出　スプーンの巻きの釣りは非常にテクニックが試されるものですし、クランクも同様に釣果の分岐点が多いジャンル、近年流行のマジックジャークなんて露骨に釣果の差が出ます。どれも奥深くて皆が極めるために熱中するのも頷けるゲームですが、縦釣りはどうでしょう？　たぶんイメージよりも釣れないと思うのでハマりますよ（笑）

　筆者が感じるにエリアトラウトフィッシングはSMで言うところのM気質な釣り人が多いジャンルで「釣れなければ釣れない」ほど「難しければ難しいほど」ハマっていく釣り人がめちゃくちゃ多いと感じています（笑）

　その点、一見簡単なイメージを持たれやすい縦釣りは、容易には極められないギャップが沼っていく要素なんだと感じます。この「沼」要素は「楽しい」に置き

縦釣りを「食べず嫌いしないで」と言うシモキンさん。この釣りの奥深さを多くの人に知って欲しいという

換えられますので、それを知らないままにしている釣り人はもったいないとシモキンさんは感じているようす。

　では逆に現在ハマってるけど壁に当たっているアングラーには？

霜出　僕はそんな人に『数釣り』を辞めるようにとアドバイスしています。

　え？　と筆者も聞き返してしまった予想外の返答でしたが詳しく聞いて非常に納得。

霜出　数を釣るために自分のスタイルを

177

確立して、毎回その通りにやっていてもどこかで壁に当たるのは当然のこと。ならば一度数釣りを辞めて、釣れない釣り方の釣れない理由を確認するほうが重要じゃないですか？

感覚派のシモキンさんらしい感覚的コメントを文字起こしするのは筆者的に大変です（笑）。シモキンさんの言う「釣れない釣り」は例えて言うなら「ローテから外れたバイトのないカラーを敢えて試してみる」という感じでしょうか。

状況にマッチしていないのは自分の経験で歴然。しかしこのカラーでバイトを出すならどういう引き方をすればよい？どういうアクションをすればよい？　と挑戦してみることで恐らく今までなかった引き出しが見つかるはずです。そういった「釣れない釣り」の積み重ねはアングラーとしての幅を一層広げてくれますし、さまざまな状況に対応する力が身に付くはずです。

そしてシモキンさんは意欲的に大会に参加するべきと言っています。

霜出　僕がこうしてロブルアーのプロスタッフになれたのも大会で成績を残したからですし、精度の高い釣りを志すキッカケになったのも大会からでした。

もともと縦釣りを楽しんでいたシモキンさんも当然昔は一般アングラーでした。バベルキングを優勝し、続け様にバベ王に輝いたシモキンさんはまさにスターダムに登り詰める勢いがありました。

霜出　大会を通じてたくさんの仲間ができ刺激を貰えた。大会には気付きの要素がいっぱい詰まっています！

【まとめ】

朝マヅメや夕マヅメ、そして放流タイム。管理釣り場は簡単に釣れる時間帯もありますが、悶絶タイムも絶対にあるんです。

ある程度の熟練アングラーですら悶絶の時間帯があるのですから、ビギナーさんにとっては何を投げても反応を得られない「つまらない時間」となってしまう場合があります。

熟練アングラーはそんな釣れない時間帯ですら多彩なテクニックを駆使して、アレコレ考えながら釣りをするので楽しいのですが、ビギナーさんはそうはいきません。筆者としては楽しい管理釣り場に来ているのに、つまらない思いはさせたくないといつも気に病んでいました。

そんな折に縦釣りの存在を知り、実際にチャレンジしたら釣れるし面白い！これは普及して欲しいと釣具屋として取り組んだのは「12時〜14時の悶絶タイムは縦釣りにチャレンジ！」と言うものでした。

イージーに釣れる時間帯はスプーンを巻いたりクランクを引いたりすればよいわけで、どうしても釣れなければ縦釣りをする。筆者としては「巻き」も「縦」もどちらも始めて欲しいのが本音でした。

縦釣りを牽引してくれたネオスタイルのneoさんや、ロブルアーのシモキンさんのおかげで最近は「巻き」と「縦」の境界線がきれいになくなったなと感じています。

多様なルアーを多彩なテクニックで楽しんでいくのがエリアトラウトフィッシング。これからもどんどん縦釣りの輪が広がっていくとよいなと心より願っています！

番外編

第3章 実釣テクニック

持っていないと損をする「お助け系ルアー」の存在

釣れ過ぎて使用禁止!?

　エリアトラウトの世界には「お助け系」、「反則系」、「魔道系」と呼ばれるルアーが存在します。総じて「反則級に爆釣するルアーたち」なわけですが、釣れまくるがゆえに釣り場のレギュレーションで禁止されている場所もあります。みんなこぞって投げれば管理釣り場の経営者は大打撃です。筆者のような釣具屋を経営する身としても扱いが難しいルアーたちです。

　とはいえビギナーや子どもたちは「釣れない」とつまらない。筆者としては魚釣りの楽しみを教えてくれるお助け系ルアーは使える釣り場なら大手を振って投げてよいと思っています。必死で開発したメーカーからすれば禁止になれば「何でだよ!?」って思っているでしょう。釣れる＝正義です！　開発メーカーにとって「釣れ過ぎて使用禁止」となれば最大級の誉れなのかもしれません。

　釣り場のレギュレーションはそれぞれですが、禁止ルアーを見てみると「フロントフック仕様のスプーン」、「フェザールアー」、「セニョールトルネード」、「スティック系ルアー」、「球状のルアー」などが多いように見受けられます。もちろんワームは論外なので除外しますが、上記の中にあからさまに商品の具体名が記載されているものがあります（笑）。

セニョールトルネード

一投で分かるルアー力の差！

　ザクトクラフト社から発売されている「セニョールトルネード」。ワイヤーにビーズを通して螺旋状にしたルアーなんですが最初に見た時は「こんなの釣れるのか!?」と疑心暗鬼になったものです。しかし、毎投釣れるわけではないですがビックリするほど釣れます！　開発した人は本当に天才だと思います。

　筆者としてはスプーンやクランクのように横方向へリトリーブする釣りを覚えるならセニョールが一番適しているんじゃないかと思うほどです。やっぱり数を釣る中で覚えることは多いですからね。セニョールでレンジキープや、バイトしてからのフッキングを覚えていけばエリアの釣りは格段にレベルアップするでしょう。

この摩訶不思議なルアーがよく釣れる

ヒットすると螺旋が伸びるセニョール

実は奥が深いセニョールの巻き方

ヒットすると直線になってしまうセニョール。その度にアングラーは螺旋状に巻き直す必要があります。その巻き方によって釣果の差が出るから面白い！ 緩めに巻くのか、きつめに巻くのかのパターンを探すのもセニョールの奥深さです。

ヒット後の巻き直しも工夫すると面白い！

Xスティック

リトリーブの釣りを覚えるのに最適！

リセント社から発売されている「Xスティック」も釣り場によって禁止されているルアーのひとつ。見たとおり棒状の何の捻りもないフォルムですが、めちゃくちゃ釣れます！ 細身なのでシルエットは最小、波動もほとんど出ていません。アクションも直線的に泳いでくるだけなんですが、それが釣れるミソです。引き方を覚えれば最強レベルで釣れます！

ロッドを上段に構え、ラインを45度くらいで引いてくるのがスティックの基本リトリーブです。諸説ありますが立ち泳ぎのようになったスティックは魚が後ろからチェイスした時にシルエットが点のように見える。その姿勢が45度だとされています。爆釣ルアーも極めようとすれば理論が見えてくるのです。

見た目はただの棒ですが……

スティックルアーの使い方

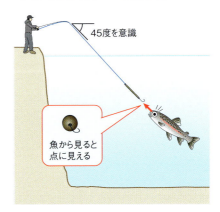

45度を意識

魚から見ると点に見える

第3章 実釣テクニック

「フェザールアー」
ハートデザイン、アラベスクなど

フェザー系ルアーはバイト時間が長いと言われます

派手なマテリアルの製品も多いフェザールアー

投げなくても釣れるフェザーの威力！

「フェザー」と呼ばれるフライのようなルアーも禁止されている釣り場が多いです。理由としては釣れ過ぎるのはもちろんですが、エサと誤認し魚が飲み込んでしまうからでしょう。喉奥まで入ればリリースにも時間が掛かり、結果デッドしてしまう魚が増えてしまいます。

フェザーであれば足もとに泳いでいる警戒心の高い魚も目の前に落とせば平気で食べます。「バイト率No1」と言ってもよいかもしれません。しかも魚の歯にフェザーが引っ掛かり吐き出そうとしても吐き出せない場合が多い。それが、
「フェザーはバイト時間が長い」
と言われる原理です。難攻不落の大型魚もついバイトしてしまうフェザーはキャッチ＆イート派に愛用者が多く、フェザー使いが増えると大型魚が釣り場からいなくなるなんて言われるほどです。昨今の魚不足を考えれば「ほどほどに頼みます」とお願いしたいのが正直なところ。お子さんやビギナーにも間違いなく釣れてくれるルアーです。

181

「球状のルアー」
パンチ、スプラッシュトップなど

本当に狂ったように食ってきます！

「球状のルアー」はペレットを模したルアーと解釈してもよいです。管理釣り場の魚にとってマッチ・ザ・ベイトはペレットです。それに似たルアーへの反応は断トツといえます。浮くモノ、沈むモノ、各社から出ていますが近年ではロブルアー「パンチ」やフィッシング帝釈「スプラッシュトップ」が一際脚光を浴びました。面白いのはこれらのルアーはトーナメントシーンの飛び道具としても結構使われていることでしょうか。何かんだ言ってもトーナメンターもお助け系が好きですよね（笑）。

お助け系ルアーも使い込むとそれぞれに釣果アップの秘訣があります。それを探求するのも楽しさのひとつです。「スプーンで釣るのが一番偉い」とされる謎の風潮が未だにあるエリアトラウトシーンですが、筆者は「楽しければいいじゃん」と思ってしまう派です。趣味なのでどんな釣り方も尊重されて然るべきです。ただやればやるほど難易度の高い釣りに挑戦したくなるのは大半のエリアアングラーに当てはまる共通の傾向です。

最初はお助け系ルアーでたくさん釣っていたのに、飽きてしまってスプーンやプラグを極めようとするアングラーは非常に多いです。お助け系にゲーム性がないわけではありませんが、簡単に釣れ過ぎてしまうと飽きてくるのも事実。その時々で自分にとって「熱い釣り」に熱中してくれれば筆者のような釣具屋はうれしい限りです。

最後にくどいようですがお助け系ルアーは釣り場のレギュレーションに従って下さいね。本書を読んで下さった神様のような人がルールを破る悪人でないことを信じております。

ファニーな球状なルアーたち

魚はこの球体に惑わされてしまいます

第4章

釣果に直結する
フック

エリアトラウトフィッシングほどフックにシビアなジャンルは皆無だと思っています。アユの友釣りやカワハギ釣りなど他魚種でもシチュエーションに応じたフックアレンジが必要な釣りはあります。しかし多彩な釣りを経験してきた筆者から言わせればエリアトラウトフィッシングほどではありません。

　フックは釣り人と魚の唯一の接点であり、こだわるのは当然といえます。しかしトーナメンターから一般アングラーに至るまで、ほぼ全層に渡るアングラーが同じようにシビアに考えている釣種はエリアトラウトフィッシングを置いてほかにはないと思っています。数釣りができるからフックの差による答え合わせの量も多い。だからこそ皆さんが身を持ってフックアレンジの大切さを知っているということでしょう。

　であれば、皆さんのフックに対する知識をもう少し深いところまで掘り下げていきたい。ということで専門家をお招きして詳しいことをお伺いしました！

　エリアフックの牽引メーカーのひとつであるヤリエ社の宇仁菅 吏平さん。宇仁菅さんは長年エリアフックの企画開発を行ないながら営業までこなすスーパー営業マンです。

　世界的に支持されている日本のフック。がまかつ、カツイチ、オーナーなどの大手釣りバリメーカーは兵庫県南西部にある播州地域に密集しています。ヤリエ社もそのひとつで2025年には創業100年を迎える老舗です。ここでは特別にヤリエ社の門外不出の釣りバリ製造のノウハウを教えてくれます。

エリアフックのご意見番！
ヤリエ社 宇仁菅 吏平さん

第4章 釣果に直結するフック

フックが出来上がる
までの道のり

① 線材
カーボン鋼材と呼ばれる0.9w%C〜1.1w%Cの高炭素鋼を原材料とします

② 切断
それぞれのフックに必要な長さに切断します

③ 尖頭
先端を尖頭(鋭く)してフックポイントを作ります

④ 成型
フックの形状に曲げていきます

⑤ 焼入れ
フックを熱処理炉の中で加熱し、焼入れをします

⑥ 焼戻し
焼戻しをしてフックに強度(ねばり)を与えます

⑦ 研磨
水みがき、挽粉みがき、化学研磨をします

⑧ メッキ処理
メッキまたは焼付塗装のどちらかで表面処理をしていきます

⑨ 検品
選別、秤量後、細かい検品をして包装します

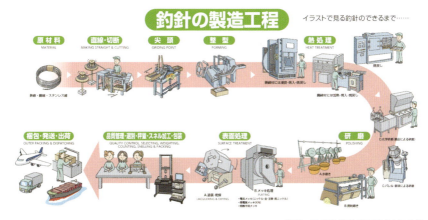

出典：兵庫県釣針協同組合HPより

大まかに書きましたが、フックを作るだけでもこれだけの工程数があります。釣種によってフックに求められるスペックは異なるわけですが、ことエリアトラウトフィッシングで重要なのは「細さ」と「強度」でしょう。

この相反する要素を満たすために、最新の設備と技術が必要となってくるわけですね。特にフックの硬さと粘りを決める⑥の焼戻しに関しては、どう熱を取っ

185

ていくか各社が工夫しているところです。
　フッキング率を高めるためのフッ素系樹脂加工の表面処理もエリアトラウトフィッシングならではといえるでしょう。とはいえ、どれだけ精巧に作られていようと肝心の味付けの部分がおざなりであれば元も子もありません。
　ヤリエ社の宇仁菅さんは各地のフィールドスタッフたちと現場から得られる情報をすべて汲み取りフック開発に繋げています。そうやって作られたエリアトラウト用のフックは世界最高品質と言っても過言じゃないくらい信頼できます。自信

を持って使って頂きたいのですが、各社からたくさん発売されている中のどれを使ったらよいのか迷いますよね？
　私自身はシチュエーションによって複数社のフックを13シリーズ使い分けています。数えていてその量に愕然としましたが（笑）。
　線径の太さはもちろん「掛けバリ」なのか「乗せバリ」なのか、こだわってくるとどんどん増えてしまうのはルアーと同じです。まずは分かりやすいようにヤリエ社のフックでジャンル分けをしていきましょう。

ヤリエフックの ジャンル分け

MK2sss、MK2sssW、MKs、MKh

MK系　万能型

名作のMKシャープを基軸とするシリーズは主にスプーンで使いやすい万能フックです。フックポイントに若干ネムリが入っているためオートマチックに掛かってくれるコンセプトになっています。線径別にラインナップしてくれているので展開によってアジャストしやすいフックです。

AG、AG+

AG系　低活性時に効く

ショートバイト対策のために開発されたマスの口にハリが残りやすいフック形状です。掛かりにくいバイトをフックアップさせることができるため、主に低活性時に使用頻度が高いフックです。汎用性のある形状のため、スプーンだけでなくプラグに装着することも可能です。

第4章 釣果に直結するフック

PM、GL

PM GL系　マイクロスプーンに

AG系と同じくショートバイト対策の袖バリ形状。ナローゲイプなので口を大きく開かないバイトに対しても自然にフッキングしてくれます。表層を巻くマイクロスプーンに反転して食ってくる展開などにマッチしますが、近年ではGJなどの浮上系ミノーで多用するアングラーが増えてきました。

ST、STタテ

ST系　プラグに好適

ショートシャンクにワイドゲイプな貫通性の高いフック。現在のプラグ系フックとして主流となっている高強度なコンセプトです。クランク、ミノー、ボトム系プラグとの相性が最高です。

FA

FA系　高活性用スプーン

ショートシャンクにショートスロートの高活性用スプーンフック。小さい力で深く刺さる貫通力で、近年放流魚や高活性魚ねらいで支持されています。伸ばされにくい強度も魅力。

フックの各部位の名称

今さらですが、フックは部位によってしっかり名称があります。知っているようで知らないアングラーも多いのでこの機会に覚えましょう！

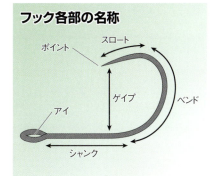

フック各部の名称

187

フックは沼

　ヤリエ社のフックだけでもこれだけ種類があり他社にもたくさんの種類があります。ルアーもそうですが一社で統一できないのが面白くも大変なところです。例えば「乗せ系」のフックでもヤリエ社「AGフック」とロデオ社「クラッチフック」では全く使うシチュエーションが違います。もっといえば「MKシャープ」だとオートマチックに掛かり過ぎちゃうのでバイトを選んで掛けるために「AG」を使うと話すプロもいます。

　宇仁菅さんの描いた右のチャートを見てください。これは宇仁菅さんが考えるヤリエ社のフックの使用フローです。

　これを見て「その通り！」と思う釣り人もいれば「イメージと全然違う！」と感じる釣り人もいることでしょう。フックの説明書はあくまでも全国のフィールドを平均化したものを表記しています。釣り人のタックルの強弱やフィールドの規模までは反映されていません。なので「説明書はあくまで目安」として理解し、ご自分のスタイルやフィールドに落とし込んで自分のモノにしていくのが正解だということです。

　メーカーやプロが言うとおりにやっても、皆さんが彼らの意図と違うスタイルであれば正解は180度違う可能性も出てきます。ルアーでもロッドでもすべてのアイテムで同じことがいえ、多くのアングラーが陥りやすい罠です。

「フックは沼」

　と言われることがありますが、この沼は深く底がありません。どうせ沼にハマるなら、楽しく悶絶しながらハマって欲しいと願っております。

筆者はシチュエーションによって複数社のフックを13シリーズ使い分けています

第4章 釣果に直結するフック

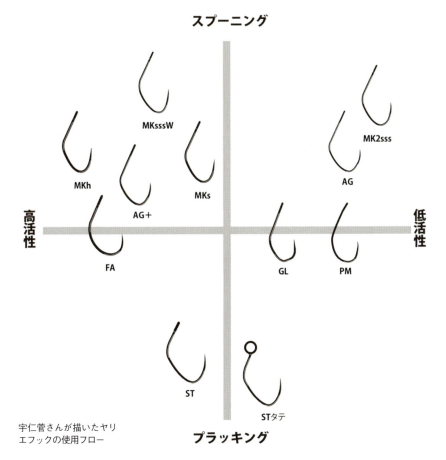

宇仁菅さんが描いたヤリエフックの使用フロー

指にハリ先を当てた時に肌に吸い付くような感触がなければ交換したほうがよいです

水底にコンタクトしやすいルアーはマメにフックを交換することです

第5章

大会参戦の
ススメ

トーナメントの多彩な魅力

レベルアップのために大会に挑戦してみませんか？

現在のエリアトラウトフィッシングではトラウトキング選手権（AREA MAX）や管理釣り場ドットコムが主催するエリアトーナメント、そして国内唯一の賞金制トーナメントであるヴァルケインスーパーカップを筆頭に多くの大会が存在します。

それに加え各ショップが主催する大会や、釣り場が主催する大会もありオールシーズン楽しめる環境が整っています。

「大会はちょっと敷居が高いな……」

と感じる一般アングラーが多い反面、実は昨今のトーナメントシーンは毎回募集枠がすぐに埋まってしまうほど熱は高まっています。元々トーナメントを楽しむ層に加え、明らかに一般アングラーの流入が始まっているということです。

かくいう筆者も2023年シーズンから本格的に大会に参戦するようになり、今では限られた時間の中で釣果を争う競技の世界に魅せられている一人です。面白いのは、人それぞれトーナメントに感じる魅力が違うことです。

●自分自身の技量を他者と競わせることを生き甲斐とする戦闘狂の人
●他者の技術を目の当たりにして引き出しを増やしたい人
●メディアプロにお近づきになりたい人
●釣り仲間を増やすためのコミュニティとして大会を利用する人

こんなぐあいにさまざまな動機で大会に参戦しています。どんな動機であってもそれぞれが楽しめるならそれが正解です。私が皆さんを大会に参戦させたい理由は、明らかに釣りが上達するからです。

固定化した釣りは
マンネリを早める

　サンデーアングラーとして1日券で長時間釣りをするのは筆者も大好きです。しかしダラダラとすることもあれば、自分の型にハマったスタイルをやり通して成長につながりにくい。型にハマってしまうのは新しいことを取り入れづらくなっている証拠です。固定化した釣りはマンネリを早めます。釣り業界でご飯を食べさせて貰っている身としては長く皆さんに釣りをやって貰わないと困る実情もあります（笑）。

　筆者の釣りの腕前は中級レベルです。ハッキリ言って歴戦のトーナメンターには負けまくりです。「私はまだ大会に出る腕前では無いので……」と大会を敬遠する皆さんと力量は大差ありません。

　それでも大会に出るようになって一番よかったなと感じる面は「自分の得手不得手」が明確に分かったところです。

　「ボトム展開のような小技を使うシチュエーションでは案外トーナメンターと渡り合える」「スプーンの巻き精度の合戦になると負ける」

年間200試合以上の大会が毎週のように開催!?

トラキンやエリアメーカーのHPをチェックして大会にエントリー

　国内最大のエリアトーナメントとして知られるトラウトキング選手権大会（通称トラキン）だけで約50試合（予選大会および入賞者のみの上位大会）があります。シリーズ戦をやっている団体のほか管理釣り場主催で行なっているシリーズ戦、筆者の店のようなプロショップ主催の大会もあり、上位入賞者はトラキンのエキスパート戦への参加資格が得られる大会も多いです。また近年はSNSによる個人発信も多くなった影響もあり、個人や仲間で主催の大会もあり、それらすべてを合わせると、おそらく年間200試合くらいはあるでしょう。しかも「大会初心者限定」、「女子限定」、「大物1尾」、「特定ルアーのみ」といったルールの個性的な大会もあり、毎週末のようにどこかでさまざまな大会が開かれています。

第 5 章 大会参戦のススメ

ネットインの時点でキャッチが成立。このとき審判がスレ掛かりしていないかなどのチェックも行なう

　というぐあいに今の自分の力量が対戦相手を通じて明確にできるのが最大の利点だと感じています。
　長所を伸ばすのももちろんよいですが、苦手なところが上手になれば普段からもっと釣れるようになります！　大会で浮き彫りになった課題を普段の一日券の釣りでじっくり練習していけば何倍も上達は早くなるでしょう。逆に練習する時間を作らずに大会

ネット内でルアーを外すとフックが絡んだり魚が傷む可能性がある。一旦ネットから魚を出し、改めてリリーサーを使ってフックを外すほうが一般的

ばかり参戦していても成長の度合いは少なかったりします。常に上位にいるトーナメンターほど練習に時間を割いているものです。
　筆者が皆さんにおすすめしたいのは「大会にも参戦する一般アングラー」という形でしょうか。たまに大会に出つつ基本はサンデーアングラーというだけでも格段に上達することは間違いありません。
　大会によって試合形式は違いますが概ね15〜20分ごとに対戦していくことが多いです。皆さんは15分の間に状況を判断してルアーをローテーションできますか？　筆者は最初に大会に出た時は何もできずに迷子のまま終わってしまった記憶があります。
　じっくりとサーチしていく時間はありません。経験を活かして初手を決め、ちょっとした魚の反応で攻め方を変えていく。その「判断力」は大会でこそ培われるものだと実感しま

193

した。恐らくこれから初めて参戦する方も、最初はドタバタで終わってしまうことでしょう。

ですが「最初の高活性はコレで釣ってセカンドではきっとこの展開、活性が落ちたらこういう想定で行こう」というストーリーが段々と自分の中で見えてくるもので、その中でアジャストして勝利した時は本当にうれしいものです！

トーナメンター1年生の筆者でもトラキンマイスターやエキスパート勢に勝てた時がありました。どこを伸ばすかを明確に練習すると筆者でも少しは上達するようです。

主な大会レギュレーション（一例）

- 使用タックルは6本まで
- メーカー主催の大会では主催メーカーのルアー製品のみ使用という縛りがあることも多い
- 各アイにフックは一本まで、市販のシングルバーブレスフックのみ使用可
- ランディングネットは140cm以内
- ネットインの時点でキャッチとみなす
- スレ掛かりはカウントしない。ただしフックがエラより前に掛かっている場合はOKとする
- 競技終了時に釣りができる状態でない場合のペナルティーはない
- 安全のためサングラス（メガネ）および帽子は各自用意の上、必ず着用

■予選
- クジ引きでA組B組を作る
- A-1が予選の時はB-1が審判をし、B-1が予選の時はA-1が審判になる（審判は記録係を兼ねる）

■決勝
- クジ引きで入場順を決める
- 決勝はトータル30分の総釣果で競う

メーカー主催の大会ではルアーの縛りもあります

タックルは6本までに制限されています

仲間の輪が広がり最前線の情報を得られる

　技術が上達する副産物として、大会に出るようになると今までとは違った仲間が増えてきます。やはり上手な釣り人と一緒に釣りをすると、得られるものは無限大です。「このルアーはこんな風な使い方があったのか」もしくは「この釣り場ではこのカラーがドハマリするのか」と実戦に即した情報がゴロゴロ転がっています。何より釣り仲間とワイワイ楽しく釣りをする時間は何物にも代えがたいものですからね。そんな仲間の輪が広がっていけばまさに「最前線の情報」にリアルタイムで触れることも可能になってくるわけです。

　大会のウィニングルアーやウィニングカラーは情報が出回ると一気に店頭から消える人気商品に化けます。その情報を見て皆さんも購入合戦に加わったことありませんか？リアルな情報に触れることができるようになれば、一般アングラーよりもフライングして商品をゲットできたりもします。もちろん情報は搾取するだけじゃなく、しっかりと還元できるように皆さんも情報をシェアするようになると思いますし、そういう化学反応がまたひとつのブームを生んでいったりもします。

　今はSNSですぐに情報が拡散される時代です。それが自分にとって必要な情報なのかそうではない情報なのか、一般アングラーのままでは精査できないことも多々あると思います。有名アングラーが発信した情報だからといって実はトーナメンターではない一

審判は選手同士が行なう大会も多いです。ABに分かれたグループのA組の1番が競技をする際はB組の1番が背後で審判および記録係をするというレギュレーションです

受付の列に並ぶ大会参加者。1度この楽しさを知ってしまうと、その後いろいろな大会に参加するようになる

筆者のお店「マニアックス」で主催している大会もあります。お気軽にエントリーください

般アングラーには必要のない情報は五万とあります。
　筆者も店頭で「その情報は大会のシチュエーションでのことを言ってるのであんまり意味ないと思いますよ」とお伝えすることも結構な頻度であります。短時間で勝負を決めるトーナメントの釣りと、1日券で同じ釣り座をマネージメントしながらする釣りはそれほどまでに異なるからです。このような情報過多の時代の自衛をするためにも、大会という最前線に自ら身を置くのも一手だと思うのです。
　いろいろ書きましたが雑誌や映像で見る有名アングラーとガチンコで戦えるのはエリアトーナメントの醍醐味です！　バストーナメントでTOP50の選手とは同じカテゴリーで戦えません。
　ぜひ長く楽しめるエリアトラウトフィッシングのひとつのスパイスとして大会参戦を考えてみて下さい！　きっと楽しい未来が待っています！

column 1
炸裂するオリカラの魔力

プロパーカラーとは喧嘩をしない隙間のカラーを産み出すこと

　カラーに関するコラムは書くのが非常に難しい……。
　「カラーパワー」による釣果の差は皆さんが日々体感していることです。筆者はショップ経営者として、トラウトだけではなくソルトにバスと相当数のオリジナルカラーを手掛けてきました。ショップオリカラや問屋オリカラをお求めになったことはあるでしょうが、果たして釣果は？「めっちゃ釣れた！」と実感している人もいるし、「言うほど釣れなかった」と感じている人もいるでしょう。
　大前提としてメーカーさんが考えた定番カラー（プロパーカラー）では釣れないのですか？　というお話からすると充分に釣れます。しっかりとテストを繰り返して100点のカラーを発売しているので間違いなく釣れるのです。

　概ねのプロパーカラーはスプーンだと約20色、プラグだと約10色の展開になることが多いです。できる限り広域のフィールドでテストをしてクリアからマッディまで異なる水質も釣り込みます。メーカーさんによってモノ作りの理念は変わりますが、基本的にプロパーカラーは何年も継続して販売する「核」となるカラーです。毎年コロコロ変えるようなカラーは存在しません。ですが、魚の食性やアングラーの嗜好が年々変化してくるのは事実でプロパーカラーでは対応できない状況も存在します。つまり局所的なニーズにはプロパーカラーは対応しづらいということです。そこで筆者たちプロショップが考案するショップオリカラや流通から嗜好を読み取って発売していく問屋カラーが必要になってくるのです。
　筆者の経営するアングラーズショップmaniac'sで言えることは「プロパーカラーとはケンカしない隙間のカラー」を企画の理念としています。同じようなカラーが混在してしまえばユーザーさんを混乱させるだけ。プロパーカラーで事足りてしまいます。なので「今の魚が明らかに好んでいるカラー」を釣行の度に探し、具現化していくスタイルを取っています。面白いもので与えているペレットが変化したり、養魚場のスタイルが変わったりすると魚の好むカラーは変わっ

プロショップオオツカさんの「神楽」、越谷タックルアイランドさんの「カフェコーク」、城峰釣具の「グローン」は大人気のオリカラです

ていきます。つまり「いま最高に釣れているオリカラ」も数年後にはトレンドから外れてしまうことがあります。

例えば長年第一線で釣れ続いているプロショップオオツカさんの神楽や、越谷タックルアイランドさんのカフェコークは化け物級のオリカラです。また近年トーナメンターを中心に熱狂的な支持を受ける城峰釣具さんは凄まじい熱量でオリカラの開発を続けています

オリカラだけでなく、オリ型にも取り組むショップ

ショップオリカラとはいえ何でも釣れるわけではありません。店の差別化のために「とりあえずオリカラを作っとくか」という軽い気持ちで発売するショップも少なからずあり、その見極めは皆さんの目利きに掛かっています。

エリアトラウトフィッシングを専門に扱っているショップにとってオリカラはお店の看板そのもの。普段のお買い物から任せられるショップを見つけておくことが損をしない秘訣だと筆者は思います。カラーの開発期間はまちまちです。1ヵ月でGOできるものもあれば1年掛けても結局お蔵入りとなるカラーもあります。ギミックを盛り込み過ぎたカラーは工程数が膨らみ量産ラインに乗せれないことだって珍しくありません。妥協するわけではありませんが、あくまでメーカーさんの無理のない範囲で作らなければならない制約は常に付きまとうのです。

近年はオリカラだけでなくオリ型に取り組むショップさんも現われ始めました。「カラー」「波動」に次ぐ第3の要素として注目されている「ラトルIN」モデルは近年一際脚光を浴びています。より釣れる方向を探すあまりショップは「オリジナルモデル」にまで着手し始めています。コアなアングラーが集まるショップであれば、その時の旬な情報が毎日膨大に入ってく

筆者が経営するアングラーズショップ maniac'sオリカラスプーン

るわけで、そのスピード感たるやメーカーさんを凌ぐものがあると思っています。

筆者はラトルに飽き足らず、毛を生やした起毛モデルを作ってみたりホロを貼ってみたり、我ながら釣具屋となった15年間で色々やってきたな〜と感慨深い気持ちになってしまいます（笑）。

話はちょっと逸れてしまいますが、当店ではオリカラがプロパー促進の架け橋になればよいと思って作っている側面もあります。ある程度使うルアーが固定化されてくると、なかなか新しいシリーズを導入しにくくなってきます。釣具屋としては非常に困る事態です（笑）。

我々ショップの人間はある程度は新しいルアーも使っていただきたいと願っています。「売上」という生々しい部分もありますが、その新しいルアーが皆さんにとって実はめちゃくちゃ相性がよいかもしれません。そんな時に新しいルアーで信頼度の高いオリカラを発売すればつい手に取ってくれるかもしれません。釣果がついてくればプロパーを使ってみようかなと考えるユーザーさんも少なからずいらっしゃいます。

ユーザーさんとメーカーさんの架け橋になることは釣具屋冥利に尽きます。そういう「想い」の部分を大切に考えて下さるメーカーさんも多く、ショップとメーカーさんの信頼度が増す瞬間でもあります。なのでプロパーを仕入れないのにオリカラだけ作るショップさんはどうなのかと筆者個人としては思っています。とはいえ、どんな背景があろうと発売されたカラーを支持するのはお客様しだい。ちょっとでも愛していただけるように日々オリカラを考えるわけでございます。

オリカラはショップにとって子供も同然です。「このカラー全然釣れね〜よ〜」との口コミを耳にしないようにこれからもしっかりと取り組ませていただきます（笑）。

こちらはうちのお店のオリカラプラグたち

column 2
数釣りが禁止になる？養鱒の現状から考えるエリアトラウトの近未来

頂鱒を作り上げた養魚場へ

　本書の執筆を依頼され、実釣の他にどうしても書きたかったこのコラム。昨今、「ニジマス不足で釣り場が放流できない」なんて話を聞いたことがないでしょうか？　充分な魚の供給がある時代はエリアトラウトフィッシングで「1日に100尾釣れた！」とか、「大型魚の赤身個体をねらって釣った！」という声もよく聞かれました。

　皆さんは最近いっぱい魚が釣れていますか？　YESと答える人もいるし、NOと答える人もいるでしょう。それは釣りの腕の差であり、通う釣り場の魚の数にもよるとは思います。

　そもそも数を釣ることだけが正義なのでしょうか？　エリアトラウトフィッシングを楽しむとはどういうことなのか？　このコラムは養鱒を生業とする人々を取材することで、1尾のニジマスの価値や命について見直していただきたい想いで書き上げました。

　取材対象は有限会社　神山水産の代表である神山裕史さん。神山水産の名前は知らなくても「頂鱒」というブランドマスの名前は聞いたことがあると思います。上質な赤身で味がよい、頂鱒を作り上げた養魚場です。

神山水産代表の神山裕史さん

大自然で育てることの苦労

　奥深い山に入り込み、やっと辿り着いた神山水産。栃木県と群馬県にそれぞれ養鱒場を構え、筆者は群馬県の山間にある生産拠点にお邪魔しました。

　豊富に流れる川水を使い、悠々と泳ぐマスたちがお出迎え。最高の環境で魚たちを育てているなあ！　と感心していると、その環境ゆえに苦労は尽きないと神山社長は答えます。

「大雨で川が氾濫して数百万円の魚が逃げ出したことがあります。もっと怖いのは大雪や寒波です。イケスが完全結氷して全滅したこともあります。それから熊も出ます。大型個体を食べに結構な頻度で現われるんですよ」

　当たり前の話ですが生き物であるニジ

マスたちに保険は掛けられません。全滅＝莫大な損失になり、気を許す時間が一瞬も持てない仕事なのだと痛感しました。

神山水産は流水式養殖を行なっています。「掛け流し式」とも呼ばれる川の水を利用した流れの中でマスたちを育てます。豊富な水量のきれいな水の中で育て、これは質のよい魚が育ちそうだと素人目にも分かります。私たちが普段釣っているニジマスたちのほとんどがこの方式で育てられているようです。

神山水産は卵から育てる

養鱒業者の多くが稚魚を仕入れてそこから育て上げるスタイルが多いとのこと。そんな中で神山水産は自社で採卵から生育、果てには加工までを一手に行なうスタイル。どういった魚を作っていこうか、スタッフたちで一から十まで考えながら養魚を行なう数少ない会社なのです。

私たちがいつも釣っているレギュラーマスは大体20〜25cmほどでしょうか。水温やエサなど、魚の成長速度は環境にもよるそうですが、大体そのサイズに達

神山水産が取り入れるのは流水式養殖

群馬県利根郡片品村にある生産拠点。大型マスをねらいに熊がたびたび出没するそうだ

201

卵から育った稚魚

育ちに育ったモンスター頂鱒

するまでには2年の月日が必要だそうです。

ヒットしてリリースして次の魚をねらう。その際に2年の月日のことを考える釣り人が少ないのは仕方ありませんが、養鱒に携わる人々からすれば大事に大事に育て上げた魚なのです。大型魚として皆さんがねらう70〜80cmは大体6、7年は育てなければならず、モンスタークラスの90cmオーバーは8年以上だそうです。そこまで成長するには当然莫大なエサ代が必要で、病気になればお終いというリスクだけが残ります。

そこまで大きくする前に出荷すればリスクはないですよね？　そんな私の質問に、「釣り人のロマンのためじゃないですか！」と笑顔で即答した神山社長は尊いなんてものじゃありません。

ファイト、そして味

自身も釣り人である神山社長が目指すのは「圧倒的なファイトの楽しさ」そして「どこにも負けない食味」です。右の写真でも分かるように、物凄く押しの強い流

れでマスたちを育成しています。いや「育成」と言うよりは「トレーニング」させているように見えるほどです。まるで河川のネイティブトラウトのような筋肉質でヒレピンのきれいな魚に仕上がります。

養殖場のニジマスたちはペレットと呼ばれる飼料を食べて成長します。その配合を魚のコンディションに合わせて数種類あげ分けているそうです。長い年月を掛けて配合を重ねたレシピは秘伝中の秘伝。食味を追求するうえでペレットの品質は必要不可欠な重要なモノなのです。

本当は動画でお見せしたいくらいの大迫力なエサやり。狂ったように捕食を繰り返すマスたちはまるでナブラをたてるカツオのようです。こんな光景を見ると釣りたくなってしまうのは釣り人の性でしょうか（笑）。1日に2回のエサやりは魚のコンディションを判断する大事な作業でもあるようです。

現在では約10社の管理釣り場に放流されている頂鱒。各釣り場では頂鱒を放流していることを前面に押し出し、それ自体が釣り人を集客する強烈な呼び込みの広告塔となっています。キャッチ＆イート派の釣り人はもちろん、強烈なファイトでアングラーを楽しませてくれるこの魚はブランドマスの中でも最上位に位置していると言っても過言ではありません。

経営難の養鱒場

釣具屋を経営する身としては近年のエリアトラウトブームを肌で感じています。釣り場も常に賑わいを見せ、魚は作れば作るほど売れるのだろうと考えてしまいます。そんな中で昨今の魚不足の現状は

押しの強い流れで筋肉質な魚体を磨く

配合エサには並々ならぬこだわりがあります。超絶美味しい頂鱒を育てるのに欠かせない「頂スペシャル」というエサ

正直ピンと来ていませんでした。釣り場ではなく食用としての流通比率を増やしているのかな？　とも考えたことがあります。
「マスの養殖場はもの凄い勢いで廃業しています。この流れはちょっと止められないくらい深刻です」

そう話す神山さんの表情は非常に切迫したものでした。コロナ禍以降、拍車を掛けるように上昇する輸送コスト。そしてペレットの止まることのない値上がり。私たちの生活にも直結する水道や光熱費の上昇。養鱒にもこれらの値上げムーブは直撃しており、経営難の養殖業者が後を絶たない状況なのだとか。それに加え、過酷な労働条件から来る世継ぎ問題は深刻なのです。こんな経営状況ならば後継ぎもいないし廃業してしまおうという動きが加速度的に増えているとのこと。神山水産二代目である裕史社長は現在58歳です。幸いにも30歳になる息子さんと一緒に情勢にも負けずに切り盛りをしています。

これから新たに養殖業にチャレンジするのもハードルが高いそうで、川水を引

エサやりの時間は大迫力！　まるでカツオのナブラ状態

き入れることが困難だったり、自治体によっては井戸を掘れなかったり、成り手が生まれにくい環境もマス不足を後押ししている要因です。

「釣れない」が当たり前の時代が近づいている

　タックルがどれだけ高性能になろうと、釣り場の数が増えようと、ニジマスの供給が少なくなれば数釣りができなくなるのは必然です。
「この釣り場は昔釣れたけど最近は全く釣れなくなった」
　内情を知らなければそんな悲しい言葉も平気で口に出してしまうもの。釣り場だけの自助努力だけでどうにかなる問題ではなくなってきました。
「お金を払っている以上、釣れる環境を整えるのは当然」
　こういう考えの人がいても当然ですし、間違ってはいません。ですが「たくさん釣れる」を叶えるならば一日券は相当な値上げ幅に成らざるを得ないでしょう。私たち釣り人ができることはなんでしょうか？　エリアトラウトフィッシングは他の釣種に比べ、明らかに数釣りができるゲームフィッシングです。それゆえに私たち釣り人は知らず知らずのうちにニジマスの価値を下げているように感じているのです。
　釣れた魚の顔付きや、魚体を1尾1尾観察することはありますか？　お恥ずかしい話、私はニジマスでそこまでの愛で方はしていませんでした。ですが、数が釣れないマグロやアカメは、釣れた際にそれはもうじっくりと愛でたものです。
　数釣りを否定するつもりは一切ありません。ですが、これからは「釣った数＝楽しさ」ではなく「釣りの内容を楽しむ」ベクトルにレギュレーションも変化していく時代になるかもしれません。数釣りを競うトーナメントシーンもルール自体を変更していく流れになるかもしれません。魚の消費を抑えながら楽しんでいかないとアングラー自身が自分たちの首を絞めることに直結してしまいます。
　365日、休みなく毎日働いてニジマスたちを育ててくれている神山さんにお会いして、私自身も魚との向き合い方を非常に考えさせられた取材となりました。これから何年も先まで、ずっとこの素晴らしい趣味を楽しめるために本稿がニジマスを取り巻く現状を考えるキッカケになることを願います。

　全国の養鱒場の皆さん、いつも本当にありがとうございます。

上質な赤身の頂鱒は多くの釣り人が魅了される

あとがき

　最後まで読破していただいた神様のような読者様には、ただただ感謝を申し上げます。

　初めて書き下ろした単行本がお役に立てばうれしいです。

　昨年『月刊つり人』の佐藤編集長からエリアトラウトの単行本を企画していると伝えられ、その時はまさか私に白羽の矢が立つとも思いませんでした。実際に執筆依頼のあった際にはお受けしてよいものか悩みました。

　元々本が好きで読書はたくさんしてきましたが、読者である私が著者になる未来は1mmも想像したことがありません。「私が書いたものが売れるのか!?」と率直に思いました。

　編集者は作家をおだて締め切りを守らせるなんて聞いたことがありましたが、まさしく「駒崎さんならこの本が書ける！」「むしろ駒崎さんじゃなきゃ進められない企画なんです！」なんて甘い言葉にまんまと乗せられ企画を受けてしまったのです。

　こういう本はある程度書く内容とかお手本のようなものがあるのかと思えば「駒崎さんの書きたいように書いて下さい！」なんて言われちゃって、「え？丸投げ!?」とびっくりしたものです（笑）。

　安請け合いをしたつもりはありませんでしたが、具体的な製作スケジュールを聞いたら「軽くOKするんじゃなかった…」と後悔しました。自分なりに「こういう内容だったら面白く読めるのではないか」というプロットを起こし、GOが出たらすぐに取材のアポ取りを始めました。取材を受けていただいた関係各所は本当に好意的で私が本を書くことを面白おかしくいじりながらも最大限の協力をしてくださいました。

　エリアトラウトフィッシングに関わる事柄を丸ごと本に起こすには、私自身の知識量も足らない部分が大きく、各所のご協力がなければとても書き下ろせません。この場をお借りして御礼申し上げます。

　お読みいただいて、率直に如何でしたか？

　楽しかったと感じていただけましたか？

　タメになったと感じていただけましたか？

　良い意見も悪い意見も作者としてしっかり受け止めたいと思っておりますが、私自身は取材を通じていろんな知識を得ることができました。頭の中で情報として知っていた事柄も、釣り場で実際にプロたちのスキルとともに触れてみて、初めて腹落ちした内容も多く「やっぱり情報は実釣の中でしかモノにできないな」と思ったしだいです。

特に実釣編の内容はかなり深い部分までプロたちにお話いただいたのですが、この通りに実践できるようになるまでに何段階もスキルアップしなければなりません。昨今の情報社会の中で「知っている」情報はたくさんあるけれど、「自分でもできる」情報は案外少ないものです。
　僭越ながらこの企画を引き受けたのも「情報をモノにするには反復した練習を！」という啓蒙の意味も多分に含まれています。情報に踊らされることなく、情報を自分のモノにしていった先はレベルアップしかありません。次のレベルに行き着いた先の、また新しい入口を見つけた時のワクワク感。この高揚感を感じる一助となれれば筆者冥利に尽きます。
　紙媒体は「オワコン」とも言われますが、映像として分かりやすく理解できる動画と違って、文字は長く頭の中に残ってくれるでしょう。そして理解しようと自分事としてイメージを膨らまそうとします。
　釣りは実際に釣りをしている時と同じくらい、事前の妄想が楽しい趣味でもあります。本書を読み返して新しい発見を元に妄想を楽しんでくださいませ。

　改めまして、本書をお手に取っていただき誠にありがとうございました！
　同好の士として、皆様と釣り場でお会いできることを楽しみにしております！

駒崎 佑典

著者プロフィール

駒崎 佑典（こまざき・ゆうすけ）

1983年、東京都北区生まれ。ロッドメーカー、釣具量販店勤務を経てルアー専門店「アングラーズショップmaniac's」を経営し、注力するエリアトラウトでは、来場者4000人超というエリア業界最大規模のイベント「maniac's FES（通称マニフェス）」も企画運営。エリアトラウトだけでなくブラックバス、マグロ、シーバス、アジング&メバリング、ナマズなど多彩なルアーフィッシングに精通している。

エリアトラウト独習法

2024年12月20日発行
2025年2月1日第2刷発行

著　　　者	駒崎佑典	
発　行　者	山根和明	
発　行　所	株式会社つり人社	
	〒101-8408　東京都千代田区神田神保町1-30-13	
	TEL 03-3294-0781（営業部）	
	TEL 03-3294-0782（編集部）	
印刷・製本	港北メディアサービス株式会社	

乱丁、落丁などありましたらお取り替えいたします。
Yusuke Komazaki 2024　Printed in Japan
ISBN978-4-86447-744-4 C2075

● つり人社ホームページ
https://tsuribito.co.jp/

● つり人オンライン
https://web.tsuribito.co.jp/

● JAPAN ANGLERS STORE
https://japananglersstore.com/

● つり人チャンネル（You Tube）
https://www.youtube.com/@tsuribito-channel

本書の内容の一部、あるいは全部を無断で複写、複製（コピー・スキャン）することは、法律で認められた場合を除き、著作者（編者）および出版社の権利の侵害になりますので、必要の場合は、あらかじめ小社あて許諾を求めてください。